젊은 날의 여름 감성을 다시 찾고 싶은 사람을 위한 책

오늘, 어느 젊은 날의 여름 감성을 다시 찾고 싶은 사람에게

어느 오후 스쳐지나는 바람이 들려주는 이야기

김주호 지음

지성과문학

오늘, 어느 젊은 날의 여름 감성을 다시 찾고 싶은 사람에게

어느 오후 스쳐지나는 바람이 들려주는 이야기

젊은 날의 여름 감성을 다시 찾고 싶은 사람을 위한 책

오늘, 어느 젊은 날의 여름 감성을 다시 찾고 싶은 사람에게
어느 오후 스쳐지나는 바람이 들려주는 이야기

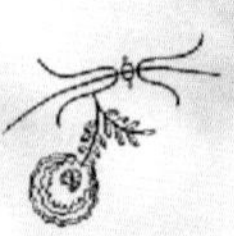

김주호

지성과문학

✿ 오늘, 어느 젊은 날의 여름 감성을 다시 찾고 싶은 사람에게

✿ 오늘, 어느 젊은 날의 여름 감성을 다시 찾고 싶은 사람에게

✿ 오늘, 어느 젊은 날의 여름 감성을 다시 찾고 싶은 사람에게

✿ 오늘, 어느 젊은 날의 여름 감성을 다시 찾고 싶은 사람에게

오늘, 어느 젊은 날의 여름 감성을 다시 찾고 싶은 사람에게

어느 오후 스쳐지나는 바람이 들려주는 이야기

1. 조용한 휴식

우울을 치료하는 것은 웃음이 아니라 휴식이다. 우울은 정신적 피곤함을 기원으로 하기 때문이다. 잘 자고 일어난 아침, 파란 하늘은 슬픔을 치료한다. 생각이 많으면 잠이 부족하기 마련이다. 어울림에 대하여 다시 생각한다. 결국, 최고의 휴식은 [생각을 멈추는 것] 잃어버린 나를 찾기 위한 여덟 가지 고찰 이다. 이를 위해서는 우선 자신의 목표를 멈추어야 한다.

검은 흙과 황토 빛 흙이 알려주는 것 - 비가 내려 따뜻이 대지를 적시고 흐린 하늘은 도무지 끝이 없다. 회색 하늘은 사람들을 우울하게 한다. 주위 파란 잔디가 깨끗하다. 그 속 작은 풀벌레들은 무심히 다가오듯 움직이며 파란 잔디 밑 땅은 이상하게도 검은 흙이다. 검은 흙 사이로 보이는 황토 빛이 반갑다. [하늘과 땅, 당분간 흐릴 것 같고 새소리를 들으려 노력하지만, 시간이 흐름에 따라 필요한 것은 조용한 휴식이었다.]

2. 바람의 느낌

서늘함은 무더움을 전제로 한다. 행복도 마찬가지. 그렇다고 내가 행복하기 위해서는 불행한 자가 있어야 하는 것은 아니다. 그렇게 생각한다면 지금 생각을 조금 바꾸어야 한다. 바람(風)은 [상대적 즐거움]이 아닌 [절대적 즐거움]이 무엇인지를 공부하게 한다.

나뭇잎 사이 바람의 이야기 - 역시 오늘도 하늘은 맑고 아침에는 서늘함에 몸이 떨린다. 하늘 사이로 정오의 태양이 뜨겁지만, 나뭇잎 사이로 불어오는 선들바람은 곧 이라도 나뭇잎을 떨어뜨릴 듯 세차고 시원히 느껴진다. [나뭇잎이 세게 흔들려 그 사이로 보이는 햇살이 여느 때 느끼기 힘든 태양의 섬세함을 보여준다.]

3. 가슴 뜀

가슴 뜀은 생명의 상징이다. 예상하지 못한 이유로 가슴 뛰는 것은 이 때문이다. 보통 자신에게 가장 절실한 것으로부터 가슴 뜀은 기원한다. 깊은 슬픔에 잠긴 자도 가슴은 뛴다. 슬프다는 것은 자신을 파괴시키는 과정이 아니라 자신을 회복시키는 과정이다. 걱정할 것 없다.

구름 사이 붉은 원환의 암시 - 노란빛 하늘 속 구름은 하늘과 섞여 구름인지 하늘인지 구분 안 된다. 열매인지 나뭇잎인지 나뭇잎 속 색다른 부분이 모여있고 맛있는 열매 같은 느낌이 들어 손을 뻗어 따고 싶은 충동이 든다. 바람이 세차게 불어 알 수 없는 변화가 계속되고 가끔은 구름 사이로 붉은 원환이 보인다. [문득 구름 색이 변해 따뜻한 느낌으로 가슴이 뛴다.]

4. 아침 노을 후에

아침 놀의 변화만큼 우리 삶도 끊임없이 변화한다. 보통 우리는 지루하다고 생각하지만. 그 변화가 모든 것을 위로할 것이다. 하루하루가 지루한 것은 철없던 시절로 충분하다. 사실, 눈 깜짝할 사이에 모든 운명이 바뀔 정도로 우리 삶은 역동적이다. 우리 모두 내일 다른 삶을 살 수 있다.

주황빛 아침놀이 들려주는 것 - 노랑인지 주황인지 구분되지 않는 아침놀은 어느새 얼굴을 물들여 간다. 조금 더 있으려니 검은 구름 층층이 비를 몰고 흰빛 검은빛 구름이 교차하며 비를 뿌린다. 그리고 점점 회색으로 그 빛을 변화시키더니 비를 다 뿌린 것을 확인하듯이 점점 더 하얀 빛을 더해 간다. [하얀 구름 사이로 푸른색이 보일듯하며, 언젠가 모르게 환한 하늘 속 새로이 나타나는 검은 구름은 또다시 비를 뿌릴 것 같다.]

5. 초승달의 슬기로움

잘 알지 못하는 것들이 무수히 우리 주변을 감싸고 있다. 겨우 몇 가지 알았다고 자랑할 것 없다. 몇 가지 좀 더 안다고 우쭐대는 자들은 그냥 무시해도 좋다. 그러나 무시해서는 안 되는 자들도 분명 있다. 그들은 아는 자들이 아니라 나누는 자들이다. 자신이 명석하다고 생각될수록 사람들로부터 무시당하기 쉽다. 잘 나누지 않기 때문이다.

여름밤 얇은 초승달의 독백 - 구름은 계단을 이뤄 이어질 듯 말 듯하며 수직 인지 수평 인지 눈앞이 어지럽다. [돌아오는 길에는 여름밤 초승달이 원을 그리며 슬기로움을 나타내듯 천천히 다가선다.]

6. 만듦

100가지의 우연과 행운이 나를 숨 쉬게 한다. 그중 하나라도 빗겨간다면 나는 존재하지 않는다. 조금 차분히 생각해 보면 사실 우리 삶은 슬퍼할 틈이 없다. 우리는 신이 창조할 때 했던 것과 거의 동일하게 지금 현재를 창조하고 있다.

어느 작은 언덕 위, 풀벌레의 관조적 운율 - 잿빛 구름 속에서 푸른 하늘이 얼굴을 내밀고, 풀벌레 소리는 그 사이를 통해 귀속으로 파고든다. [어느 여름에서 가을까지 숲과 하늘, 구름, 땅, 바람 그리고 노을의 운율 속에서 한 대상(對象)이 창조된다.]

7. 비 오는 여름 늦은 오후 시샘

성취를 위해 너무 애쓸 것 없다. 의외로 그것을 같이 기뻐하고 좋아하는 사람은 매우 적다. 슬퍼할 것도 없다. 마찬가지 이유로. 자신에게 정말로 즐거운 일과 슬픈 일은 우리가 지금까지 해 온 일과는 많이 다를 것이다.

바람에 흔들리는 버드나무가 말하려는 것 - 강한 바람과 함께 비가 내린다. 하늘은 회색빛. 밀려오는 바람은 조그마한 나무로부터 큰 나무에 이르기까지 힘겨운 움직임을 일으킨다. 굵은 가지로부터 빗겨 나온 작은 버드나무 가지는 온몸을 뒤흔든다. 작은 수목과 연약한 가지가 시련을 겪는다. 바람은 오후가 되면서 푸른 하늘, 잿빛 구름에 용해되어 자취를 감추고 잿빛 구름은 붉은 저녁놀 밑으로 차츰 수그러져 가고 있다. [붉은 저녁놀은 검은 구름에 가려 그 자태가 더욱 뚜렷해지고 어느 구름은 드디어 적갈색으로 변하였으나, 그 신비로움을 시샘하는 바람이 그 색조를 움직인다. 시간이 지나면 붉은 하늘은 엷은 하늘색의 구름과 함께 용해(溶解)될 것이다.]

8. 돌아봄

근본적인 자유는 무변화이다. 무변화를 위해서는 무질서가 필요하다. 그곳에서는 약자는 강해지고 강자는 고귀해진다. 자신이 약자라고 생각되면 질서를 무너뜨리는 것이 약자의 위치로부터 벗어나는 가장 빠른 길이다. 질서를 무너뜨리는 것은 의외로 간단해서 지금까지의 선악을 잊어버리고 자신의 기준을 만들면 된다. 물론 그 기준은 선악을 넘어야 한다.

어느 날 오후, 파란 하늘의 즐거운 지식 - 그래도 파란 하늘이 하얀 구름보다는 더 정답다. [실존(實存)은 고정 관념을 뛰어넘는 것 그리고 어떤 것도 방해할 수 없는 근본적인 것에서 자유를 찾는다.] 자연은 존재(存在)로의 회귀이다. 파란 하늘, 존재가 나에게 들어온다. 이는 무엇보다 충만한 삶의 숭고함을 부여한다. 구름과 같은 변화보다는 하늘과 같은 무변화에 안정감을 느낀다. 마치 그림 속의 정지 상(像)속에서 우리가 안도감을 갖듯이.

9. 시간의 피안(彼岸)에 서서

시간의 파동이 저녁놀과 함께 가슴 속으로 밀려옴은 전혀 놀랄 일이 아니다. 시간과 함께 미끄러져 내려 감은 우리 이미 익히 알고 있다. 그곳에서는 슬픔과 기쁨, 약자와 강자 대립되는 두 관념의 벽이 무너진다. 절대적 그 무엇으로부터는 그 차별이 사라지기 때문이다. 누구나 한번은 시간의 피안에 서는데 보통 죽음과 관련이 있다. 그런데 사실은 죽음과 상관 없이도 시간이 멈추는 곳, 그곳에 때때로 설 수 있을 것 같다.

저녁놀과 태양의 대화를 엿들음 - 저녁놀 속 시간의 변화로움은 누구에게나 신비롭다. [느낄 수 있는 시간과 느낄 수 없는 시간의 대립은 시간으로부터 우리를 자유롭게 해줄 수 있는 황금의 열쇠를 부여한다.] 많은 것들이 시간 속에 용해되는 태양과 함께 사라졌다가 다음날 태양과 함께 밀려온다. 태양이 떠오르면 그리고 산을 넘으면 태양이 머무는 곳, 태양을 항상 바라볼 수 있는 곳에 다다를 것 같다.

10. 오후의 수목(樹木)과의 동화(同化)

무엇이 사물을 분별케 하는지 눈을 감는다. 하나를 배울수록 더욱더 멀어진다. 절망에 빠진 자는 [두려움으로부터의 자유]를 자신의 존재로부터 선물 받는다. 이는 모든 것을 반전시킬 수 있다. 존재가 드러날수록 동화(同化)는 어렵다. 동화되려면 가능한 몸을 낮추어야 한다.

별들의 은밀한 화장(化粧)을 훔쳐 봄 - 오후(午後) 수목은 더 할 수 없는 아름다움으로 굉장한 사랑을 나누어 준다. 나도 모르게 그 수목에 입 맞추는 순간, 숲 속의 작은 형상으로 하나 되는 착각에 빠진다. [나는 나무인가. 나는 바람인가. 착각으로부터 벗어남이 힘겹다.] 저녁이 되면 별들은 푸른 하늘을 검게 만들어 자신을 드러내지만, 하늘가 수목(樹木)은 자신을 드러낼 수 없음에 어찌할 수 없이 어둠과 바람에 동화된다.

어느 젊은 날의 여름 감성을 다시 찾고 싶은 사람에게 필요한 것은
목표를 멈추고 조용히 휴식하는 것이다.

11. 서두르지 않음

평온함은 우리 미래 최대의 목표가 될 것이다. 그렇다고 우리가 원하는 것은 구름이나 작은 계곡 물과 같은 무심(無心)은 아니다. 무심(無心)은 존재를 부각시킬 뿐이다. 많은 슬픔을 경험한 자는 평온할 수 있는 자격을 얻는 셈이다. 쇠는 담금질 되어야만 어떤 나무라도 벨 수 있다. 쇠가 약해지는 것은 사용해서가 아니라 사용하지 않아서 생기는 부식이다. 평온함을 찾고 있는 우리에게 필요한 것은 [하지 않는 것]이 아니라, [서두르지 않는 것]이다.

숲이 항상 이야기 해주는 것 - 남색 바탕 하늘 속 흰 구름은 황홀한 자연의 궁극(窮極)이 무엇인지 보여준다. 숲과 함께하며 느끼는 감정은 거의 항상 동일하다. 이것이 사람들이 숲을 찾는 이유이다. 우리가 자연의 본성을 이해하고 그것을 자신의 삶에 적용한다면 아마도 거의 같은 효과를 낼 것이다. [숲의 본성 중 하나만 더 이야기한다면 그들은 서두르지 않는다는 것이다.]

12. 작은 마음

작은 마음은 가볍고 변화가 쉽다. 생각이 마음을 크고 무겁게 한다. 슬픔을 벗어나기 위해서 너무 노력할 것 없다. 실패, 좌절과 함께하는 삶도 나름대로 이야기의 주인공이 될 수 있다. 소설에서는 보통 그런 삶이 감동과 재미를 준다.

하얀 비와 녹색 바람의 순수한 경쾌함 - 하루 종일 흐린 하늘은 하얀 비를 머금고 있다. 분명 어디에선가는 비를 뿌리기도 할 것이다. 나무 사이로 불어오는 녹색 바람이 몸속으로 느껴지며 나뭇잎 사이로 떨어지는 빗방울은 몸에 달 듯 말 듯하다. 눈물 머금은 나뭇잎도 서로 함께 흔들린다. 멀리 보이는 산은 급히 꺾어지다 다시 돌아온다. 골짜기는 주변의 얕고 먼 잘 드러나는 구름으로 복잡한 듯 보이기도 하지만 어린아이의 마음과도 같이 순진함을 머금은 채 남아 있다. [비를 머금고 있다가 뿌리기도 하며 그리고 또다시 머금고 있는 하늘과 구름의 모습은 마치 경쾌한 음악을 연주하듯 끊임없이 변화한다.]

13. 부동의 부드러움

아름다운 자는 옅은 구름 속 감색의 태양과 같은 부드러운 눈초리를 품는다. 그런 아름다운 자를 자신의 옆에 둘 필요는 없다. 아름다움은 멀리 있을수록 아름답다. 가끔은 [소유하지 않음의 역설]을 되돌아볼 일이다.

감색 태양의 부드러운 눈초리가 보여 줌 - 땅을 차고 일어나 정상까지 가기에는 지금 안개로 시야가 어두워 어려울 것 같다. 나무와 그 그림자들도 팔과 다리를 붙잡는 것 같다. 삶의 작은 아름다움을 위한 투쟁과 같이. 감색 태양이 아름답다. 사랑하지 않을 수 없는 듯한 느낌이다. 남아 있는 삶의 작은 아름다움마저 빼앗기는 듯한 초조감을 드러낸 채, 언젠가부터 여기 서 있다. [부동(不動)의 부드러운 눈초리는 아름다움을 정면으로 바라볼 수 있는 그리고 아름다움의 자기화(自己化)를 위한 오랜 고독을 암시한다.]

14. 서늘한 여름 저녁 노을같이

인간을 무너뜨리는 것은 슬픔에 의한 절망뿐 아니라, 성취에 의한 만족감도 무시할 수 없다. 자신의 슬픔이 자신을 무너뜨린다고 변명하지 않는 것이 좋다. 사실, 중요한 것은 절망도 만족도 아닌, 생각지도 않은 다른 것 존재, [나] 이다.

붉은 노을 속 제비의 비행(飛行) - 붉은색 원환이 하늘 가득히 그리고 조금 다른 주홍빛 원환은 바로 위에서 장엄히 그려져 있다. 그 붉은빛에 싸여 정신이 아득해진다. 회색 구름 사이로 하얀 구름 보이고 붉은 노을 원점 부근은 바라보기 눈물겹다. 층이 올라갈수록 그 색조는 엷어지며 커다란 원환은 세 번째 층으로부터 이어진 듯하다. 먼 여행을 암시하듯 제비들은 머리 위를 그리고 땅을 차며 날고 있고 하얀 뭉개구름이 하늘을 덮자 하늘은 어느새 회색이다. 산허리에서 갈라진 암영(暗影)은 서늘함을 머금고 있다. [붉은 노을 원환 속에서 아득해지는 나를 지지해주던 대지마저 정신을 잃은 듯 휘청거리고, 다시 날 보고 이야기하기 위해 비추고 있는 듯한 노을은 미소 짓도록 하는 다정함으로 다가온다.] 황홀한 기쁨은 나를 빼앗는가.

15. 지침

자신이 지쳐 있다고 생각되면 우선은 휴식해야 한다. 그 휴식은 자신을 위한 것이기도 하지만 자신 주변의 타자(他者)에게 더욱 필요하다. 너무 지쳐 있을 때 중요한 일을 결정하면 안 된다. 보통, 결정은 자신의 가장 보통의 상태, 하루 중 가장 오래 지속되는 상태에서 하는 것이 후회가 적다. 대부분 충분히 잔 날 정오(正午)가 좋다.

구름 속 태양의 사랑스러움 - 누워서 하늘을 보면 아득한 정신으로 최면에 걸린 듯 붉은 하늘이 눈앞에 펼쳐진다. [멀리서 들리는 알 수 없는 소리는 아득한 시간 속에서 무엇이 옳은지조차 알 수 없게 한다.] 구름은 다시 층을 이루며 오늘도 태양을 휩싸고 있지만, 구름을 헤치고 제 모습을 드러내려 애쓰는 태양의 모습이 사랑스럽다. 태양이 지친 것 같아 안타깝다.

16. 작은 돌 위의 빗방울처럼

빗방울이 작은 돌 위에 떨어지는 것 이상으로 우리 삶은 우연의 연속이다. 어쩌면 삶의 모든 것이 두렵지 않을 수도 있다. 슬픔도 열 가지 우연의 결과일 뿐이다. 슬퍼할 때, 어느새 즐거움을 위한 우연은 준비되고 있다. 그렇게 침울할 것 없다.

비가 발산하는 향기로운 냄새와 하늘을 향한 나무로부터의 이야기 - 끊임없이 비를 뿌리던 구름이 움직인다. 계속되는 비는 빗방울이 보일 정도로 굵지만, 그 수는 많지 않다. [땅에 떨어져 조그마한 돌을 적시는 빗방울은 자신에게 알맞은 돌을 찾아 들어가는 듯이 느껴진다.] 조그만 돌에 떨어진 빗방울은 단 한 방울에 모든 것을 적시면서 흘러 떨어진다. 구름과 비슷한 형상의 돌멩이는 제 모습을 찾으려고 애쓰지만 바로 그 순간, 빗방울은 다시 그 자리에 떨어진다. 지금 비는 흙 먼지를 뿌리면서 향긋한 내음을 발산하고, 제멋대로 자란 나무는 하늘을 향해 펼쳐진다.

17. 어둠

어둠 속에도 어둠과 밝음이 있다. 슬픔 속에도 어둠과 밝음이 있다. [어두운 슬픔]을 택할 것인지 [밝은 슬픔]을 택할 것인지 결정하면 된다. 어차피 아침은 오겠지만 밝은 어둠에 있는 편이 그래도 조금은 평온하다.

어둠 속 어둠이 의미하는 것 - 구름은 어느 새인가 산을 이루어 푸른 산과 대조를 이루며 산의 모양을 변화시킨다. 빛깔을 알 수 없는 구름은 움직이고 있는지 멈춰 있는지 구분이 되지 않는다. 포플러도 풀이 죽은 듯 흙을 향하고 있다. 어둠이 찾아오는 시간은 무척이나 빠르다. 어둠이 어디서 찾아오는지 알 수 없어 주위를 두리번거리면 어둠 속에서 이미 길을 잃는다. 어둠은 자신을 쉽게 내보이지는 않는다. [우리가 찾고 있는 것이 우리와 정말 상관 있는 것들인가. 어둠 속에서 잘 보이지 않는다.]

18. 어느 여름 아침의 강인함

아쉬움과 회한은 분명히 약자의 변명이다. 진리를 찾는 강한 자는 아쉬워하지도 후회하지도 않는다. 아직 끝나지 않았기 때문이다. 강자가 될지 약자가 될지는 타자(他者)에 의해서가 아니라 자신이 선택하는 것이다.

비를 뿌리지 못하는 구름의 아쉬움 - 찌푸린 하늘 속에서도 아침놀은 그 여명을 밝히고 곧 사라질 여명은 가슴 속에서 꿈틀대는 서정(敍情)을 드러낸다. 비를 뿌리지 못하며 머물러 있는 구름은 과실을 익히지 못하는 아쉬움을 남기고 있는 것 같다. [멀리서 들리는 듯한 종소리는 한가로운 마음을 일으켜 단 하나의 나뭇잎으로도 마음을 풍족하게 한다.] 이 회색 하늘에 흐르는 듯한 흰 구름의 선은 저편 끝없는 산과 마주하여 흩어지지 않으려 힘을 모은다. 그러나 뜨거운 태양은 이 구름을 곧 사라지게 할 것이다.

19. 회복

마음의 회복은 처음 상처와 조금 다른 곳에서부터 시작된다. 그것이 자연의 이치이다. 그러므로 어떤 상처도 걱정 없다. 마음은 너무도 깊어 어떠한 상처도 문제 되지 않는다. 몇 곳에서 상처가 심해, 회복될 수 없을 것 같아도 조용히 숨어 있는 존재 [나]를 생각하기만 하면 오래지 않아 변화가 일어난다.

흰 구름, 검은 구름, 붉은 태양, 비를 맞은 낙엽 그리고 아름다운 별 - 방향을 찾으려는 철새처럼 이리저리 눈길을 바삐 움직여 본다. 한쪽은 푸른 하늘이고 다른 쪽은 곧 비가 쏟아질 듯한 검은 하늘이다. 오랜만의 푸른 하늘은 마음을 가볍게 해 주고 다른 한 편 흰 구름 밑 검은 구름은 더욱 검게 느껴진다. 나무 밑에 걸린 빨간 색의 태양은 어느 등불과 어울리어 어느 것이 태양인지 구분키 어렵게 한다. 멀리 노을은 먹구름에 싸여 제 모습을 가리며 붉은빛의 여명을 좁혀간다. 떨어진 낙엽은 벌써 그 빛을 잃어가고 비를 맞아 강인함마저 보여준다. [벌써 붉은빛은 사라지고 어둠이 밀려와 확장된 사물이 느껴진다. 별들은 제 모습을 아름답게 다시 꾸미고 있다. 어제와는 다르다. 단지 다를 뿐이다.]

20. 변화

인지되는 변화보다 인지되지 않는 변화가 훨씬 더 많다. 변화가 보이지 않는다고 초조해할 필요 없다. 이것을 알지 못해 보통 일이 틀어진다. 중요한 일일수록 마지막 하루의 무심(無心)이 필요하다.

느낄 수 없는 바람이 변화시키는 것들 - 구름 하나 없는 새파란 하늘에 태양 빛은 푸른 색을 검게 만들고, 이때 저 멀리서는 하얀 구름이 일어나기 시작한다. 느낄 수 없는 바람이 얼굴을 스치는 듯하다. 거친 땅에 몸을 대고 나무 그늘에 누워 등을 기대는 순간 온몸의 힘이 나무에게 전달된 듯싶으며 이때 바람은 나의 온몸을 휩싸 안는다. "안개가 짙은 날은 구름이 없고, 구름 없는 노을은 쉽게 진다." 안개는 산허리를 감싸는 구름으로부터 시작되었다. 앞을 보기 힘들게 하는 안개는 신비로움을 더해 주지만 이를 느끼면서 걷는 것은 힘겨운 일이다. [노을이 끝나는 하늘은 밤이다. 그리고 이제 노을은 없다. 까만 밤에 나무들은 자신을 나타내려는 듯 빛나고 있다. 하늘 아래 모든 것이 어두울 때, 구름은 하얗게 빛나고 나무는 드디어 제 빛을 낸다. 별이 무엇인가의 아름다움에 취한 듯 바라보는 것 같다.]

숲의 본성 중 하나만 이야기한다면 서두르지 않는다는 것이다.
젊은 날의 여름 감성도 그러하다.

21. 기다림

기다림 속에서 때가 되면 자신의 뜻을 드러내기는 해야 한다. 보통 끝까지 드러내지 않는 기다림은 절제가 아니라 겁쟁이들의 [용기 없음]이라고 누군가 이야기한다. 그럴 수도 있지만 그렇다고 [용기 없음]이 꼭 나쁜 것만은 아니다. 조금 더 시간이 지나면 [용기 없음]이 사실은 [용기 있음]이었을 때도 있다. 오히려 겁쟁이들이 때때로 용기를 가장하기도 한다.

바람 속 나무 냄새의 자극 - 구름이 많아 하늘이 보이지 않지만 구름은 아직 비가 되지 않는다. 구름을 움직여 가는 바람은 자신의 흰 빛을 여실히 보여주고, 구름 따라 움직이는 나무 사이로 상큼한 산 내음이 풍기는 듯 코끝이 시큼하다. 어둠이 깔리는 대지 위를 걸으면 별들의 탄성이 들리는 듯하지만, 하나의 별이 유난히 눈에 뜨인다. 아침 어둠과 저녁 어둠은 구별이 쉽지 않다. 아침 어둠은 서늘하고 저녁 어둠은 상쾌하다는 느낌이 들긴 하지만. 이제 태양이 곧 떠오를 것이다. [자신의 얼굴을 붉게 물들인 채로 태양을 외면해서는 안 된다.]

22. 어지러움

너무 급히 방향을 바꾸면 어지러움은 피할 수 없다. 그러므로 삶의 방향을 바꾸려면 조금씩 준비해 나가야 한다. 슬픔도 준비하면 조금은 견딜 만하다. 이는 불변의 이치이다. 갑작스런 슬픔이 힘든 것은 이런 이유이다. 이때는 자신의 삶에서 일정 부분을 따로 떼어 내어 다른 영역을 만들고, 그 속에서 잠시 동안 백지(白紙)의 시간을 만들 필요가 있다. 이 백지가 조금 시간을 벌어 줄 것이다.

태양을 막는 구름 사이 빛의 혼란 - 태양의 뜨거움을 느낄 수는 있지만, 그 뜨거움을 바라보기는 어렵다. 뜨거움만으로도 삶의 열정을 나타내주고 그를 가로막을 것이 없는 듯하다. 태양을 막는 구름 사이로 햇살은 투명하게 빛나고 두 갈래로 나누어진 햇살은 그 광채가 혼란스럽다. 지나쳐오자 멀리서 거친 바람이 불어오고, 그 바람은 몸을 날릴 듯 세차게 몸을 휘감는다. [이때 타는 듯한 뜨거운 태양의 열기에 몸이 녹아나는 듯한 느낌으로 몸을 돌리는 순간, 주위의 모든 사물이 나 아닌 것에 몸을 돌리고 있다는 것을 느낀다.] 어지러움을 느끼지만 나의 시선은 다시 돌이킬 수 없으니!

23. 비굴

비굴함이 타자(他者)를 위한 것이라면 새롭게 탄생된다. 보통 약자들은 비굴함을 참지 못한다. 강자들은 때때로 비굴함을 즐긴다. 약자라고 생각해 온 자신은 약자로 취급 받아 왔을 뿐 사실, 약자가 아닐 수도 있다.

어느 맑은 날 들판의 하루 - 태양이 뜨기 전, 차가운 기운이 마지막 호흡을 하듯 주홍빛 하늘은 서늘한 느낌을 들게 한다. 아침놀은 언제나 차갑다. 빛을 발하다가 이제 소멸해 가는 별은 그 빛의 차이가 역력히 드러나 아득하게 느껴지고, 멀리 삼연성(三連星)만이 반갑게 맞아 준다. 조금 있으니 이제 더 이상 푸를 수 없는 파란 하늘은 정말로 하얀 구름과 어울려 그림과 같은 정경(情景)을 또다시 이루고, 이 때, 뜨거움을 피하는 비굴함으로 얼굴을 돌리는 사물들이 눈에 들어온다. [조금 있으니 붉은 노을 위 초승달과 그 아래 검은 산 그리고 멀리 종소리. 눈에는 아름다움을 그리며 달과 함께 눈을 감는다.]

24. 고독

고독은 삶을 재건하려는 과정이다. 고독을 계속 피하면 삶이 무너져 내릴 수도 있다. 고독한 자들은 다시 태어남을 기대할 수 있는 자격을 가진다. 그리고 고독도 가끔은 즐길 만하다. 고독만이 줄 수 있는 것이 있기 때문이다.

차가운 별 빛 고독 속으로 - 차가운 대지 위 별빛은 그 뜨거움을 전해주지 못한다. 별들마저 추위에 떨듯이 그 밝기를 유지 못하고 떨고 있다. 차가운 별빛은 삶을 절실히 한다. 몸을 긴장시킬 만큼의 고독 속에서 기쁨을 느껴보려 하는 노력은 힘을 잃는다. 추위에 얼어 죽어가는 벌레와 같이 땅을 응시하는 자(者)를 느낀다. [태양이 떠오름에 따라 뜨거워지려는 힘과 차가운 대지는 서로 싸우며 안개 속에 핏빛을 쏟아 놓는다.]

25. 평온

평온함을 깨뜨리는 것은 슬픔과 기쁨의 최고 상태만은 아니다. 그 과정도 모두 고요를 깨뜨린다. 그러므로 슬픔을 향해 가지도 말고 기쁨을 향해 가지도 않는 것이 좋다. 우리가 결국 추구하는 것은 [평온함]이다. 즐거움이 없는가. 그렇지 않다. 즐거움은 너무도 많아서 슬픔과 기쁨 정도는 생략해도 된다.

창문을 통해 들어오는 차분한 햇빛이 주는 것 - 고조된 감정을 억누르고 발길을 돌릴 때, 주위 공간의 무관심은 몸을 움츠리게 한다. 창문을 통해 태양 빛은 차분히 방안으로 흘러 들어오고, 시들어가는 창 밖의 일들은 다가오는 계절을 말해주는 듯하다. 떨어질 듯 나무에 매달린 잎은 삶의 여정을 말해 주듯이 고개를 숙이고 있다. [저물어 가는 태양 아래서 움직이는 인간의 신비로움이 창문 밖 사이로 영화와 같이 흘러가듯 하고, 그 움직이는 인간의 정적인 흐름은 아득히 흘러 들어오는 슬픔도 기쁨도 아닌 평온함을 느끼게 한다.] 지금은 창문으로 태양이 눈에 들어오고, 지는 태양을 붙들려는 노력에 몸과 마음이 상해가는 듯하다.

26. 이중성

침묵은 이중성을 대표한다. 보통 말을 하면 이중성이 깨져 주위는 친구와 적으로 나뉜다. 삶을 향한 태도의 경우도 크게 다르지 않다. 보통 [침묵자]는 정말로 [약한 자]이거나 정말로 [강한 자], 둘 중 하나이다. 그것은 자신이 결정한다.

파란 하늘과 회색빛 하늘의 대비 - 새벽이다. 밝은 빛이 비추어지려면 아직도 많은 별들이 사라져야 할 것 같다. 사라진 듯했던 별들도 새벽바람에 되돌아와 마지막 빛을 발하고 있다. 이제 아침 해의 서광은 또다시 창을 통해 들어오고 그 밝음은 마음을 순간, 동요케 하지만 결국 편안한 마음이 든다. 구름 하나 없는 파란 하늘과 회색빛이 감도는 탁한 하늘은 묘한 대비로 삶의 이중성을 나타내는 듯하며, 이 이중성을 감추려는 듯 바람이 점점 거세진다. [어둠을 뚫는 듯한 거센 바람도 그의 침묵은 몰아내지 못한다.]

27. 어떤 두근거림

진정한 두근거림은 자유를 의미한다. 자신의 소심함으로 돌리지 말고 자유를 향한 설렘으로 변화시키는 것이 좋다. 설렘은 슬픔에 잠긴 약자의 삶을 회복시킨다. 물론, 바다를 항해하는 듯한 설렘을 위해서는 [새로운 대륙에 도착하는 꿈과 튼튼한 배를 만드는 준비]가 모두 필요하다.

✎ 노을에 젖은 들판의 유혹 - 푸른 하늘, 넓은 들판, 거친 풀섶. 모든 것이 다가온다. 새롭고 생소한 것이 아침 일찍 마주치는 햇살 같다. 예쁜 눈썹 같은 달은 저녁놀과 함께 어울려, 순수한 아름다움 그 자체로 만족하게 한다. [시간의 강인함은 이지러진 달과 같다.] 산 너머 보이는 다른 산은 아득히 노을에 물들어 정겹다. 노을에 젖은 들판은 분홍빛 화장을 한 소녀처럼 화사하고, 그 화려한 모습으로 사람들을 유혹한다. 저 산 너머 누군가가 항상 반기는 곳으로 갈 수 없음에, 태양을 보며 자유로워지는 날을 기다린다.

28. 힘듦 그리고 즐거움

자신이 감당할 수 있는 경우는 힘들어도 즐거울 수 있다. 같은 이유로 자신의 힘을 키우면 삶 대부분이 즐거울 수 있다. 아직 자신이 약자인 경우, 조금 시간이 걸려도 자신 내면의 힘을 키우는 것이 즐거운 삶을 위한 유일한 길이다. 그렇지 않으면 시샘하는 자들에 의해 쉽게 무너져 내린다. 내면의 힘은 다름 아닌 별것 아닌 [자신을 제어할 수 있는 힘]이다. 우리 주위, 힘 있는 자들이 별로 없다.

어떤 자유로운 새의 비상 - 멀리서 밀려오는 풀 내음에 정신이 아찔하다. 멀리 들판의 벼는 보기 좋게 익어가고, 사마귀는 갈색으로 그 모양을 바꾼다. 구름 저 멀리 자유스런 새는 날개짓을 힘차게 하고, 그 힘찬 모습이 가슴을 뛰게 한다. 들판 위에 누워서 듣는 소리는 하나하나 평온하다. 풀 내음이 그렇게 향기로운 줄 몰랐다. [어둠 속에서도 작은 시냇물과 함께 길은 보인다.] 길을 따라 올라가는 걸음은 무겁지만, 그래도 무엇인지 충만 되어지는 느낌에, 즐거운 마음을 감출 수 없다.

29. 드러남

지금 자신의 존재가 드러나는 순간인지 사라져 가는 순간인지는 자신이 살아온 시간의 총합과는 무관하다. 조용히 숨을 마치는 순간, 자신을 최대로 하면 된다. 지금의 슬픔과 약함은 별 상관 없다. 내일 아침 날이 밝으면 모든 것이 완전히 바뀔 수 있다.

별빛 그리고 달빛의 조용한 비춤 - 하늘은 옅은 구름에 싸여 강렬한 빛이 차단되어 있다. 땅에 누워 하늘을 보는 것은 그중에서도 즐겁다. 가시덤불 옆에 누워 땅 냄새를 맡고 있다. 별빛인지 달빛인지 모를 빛은 수목(樹木)을 비추고, 등불과도 같은 밝기의 빛은 조용히 움직여 간다. 많은 것을 잃은 후에는 그만큼 얻을 수 있다. [그런데, 얻는 것은 삶과 자연으로부터이고, 잃는 것은 자신으로부터인 듯한 느낌에 안타까움이 밀려온다.] 이대로라면 자신으로부터 아무것도 남아 있을 것 같지가 않다. 이 안타까움 속에는 저 멀리 들녘의 외딴 마을로부터 받는 느낌일지도 모르는 적막감과 나무들의 숨소리가 모여 있는 것 같다. 욕심 없는 소박하고 부드러운 자의 눈에서 본 사물은 조금 더 감성적이다.

30. 허무

허무함은 기대에 비례한다. 자신의 노력만큼만 기대하면 우리 삶에서 허무함은 거의 없다. 노력만큼은 예외 없이 돌려주기 때문이다. [바람 구(求)함]이 줄어들수록 그의 생각 철학 은 완성에 가까워진다.

푸른 색을 잃어버린 풀잎 - 벌써 밤이다. [하루가 지나가는 소리를 들으면서, 여러 색의 자연이 보내는 유채색 바람 소릴 들으려 노력했지만, 나뭇잎에 부딪혀 산산이 부서질 뿐이었다.] 삶이 흘러가는 길목에서 삶을 역행하는 듯이, 알 수 없는 새는 날개를 힘껏 뻗는다. 아마 그때 하늘은 파랗게 빛났던 것 같다. 며칠 동안, 풀 내음은 아직도 코를 간지럽히는데 문득 모습을 돌아보니 이미 그 색을 잃어버렸다. 노란 들녘에서 보이는 큰 소는 길을 잃은 듯 주인에게서 벗어나 있고, 이를 쫓는 듯한 사람의 발길이 바쁘다. 먹이에 굶주려 풀잎에 누운 파란 거미처럼 그런 바람 속에서 우리도 삶을 꾸려가고 있는 듯하다.

젊은 날의 여름 감성을 다시 찾고 싶은 사람은
태양에 무언가 바라지 않듯 세상에 아무것도 바라지 않는 것이 좋다.

31. 충만

작은 충만은 작게 다가온다. 그러나 그 보잘것없는 듯한 충만은 모든 우주를 아름답게 한다. 그 충만은 작지만, 비교할 수 없을 정도로 큰 야망과 큰 꿈을 갖고 성취해 가는 자가 이루는 것의 가치와 조금도 다르지 않다. 이는 우리 우주에 필요한 가치를 사람의 기준으로 비교해서는 안 되는 것과 같은 이치이다. 자신이 좀 더 가치있다고 생각하는 오만한 자들이 알아야 할 사소한 진실이다.

바람에 흔들리면서 길을 안내하는 나뭇잎 - 앞이 잘 보이지 않는 안개 속에서도 상쾌한 구름과 잔디는 눈에 들어온다. 어디 선가의 푸른 빛은 나뭇잎들의 모습을 변하게 하고 거센 바람에 흔들리는 나뭇잎은 마치 길을 안내하는 것 같다. [우리를 둘러싼 모든 사물이 다시 돌아오는 듯 느껴지고, 언젠가 돌아가야 할 삶의 바다를 머금은 듯한 작은 물방울 속 세계가 동화처럼 눈에 들어온다.] 어떤 날, 가을 햇살이 빛나고 그 햇살을 맞으며 영원한 시간의 끝에서 달이 차듯이 서두르지 않고 천천히 별을 보는 눈동자가 있을 것이다.

32. 겹침

우리가 사물을 잘 보지 못하는 것은 겹쳐 있기 때문이다. 그 겹침을 피하려면 사물을 분리해서 봐야 한다. 보통 사람이라면 오랫동안 연습이 필요하다. 어떤 슬픔에 잠긴 약자도 더는 걱정할 것 없다. 결국은 모두 비슷하기 때문이다.

버드나무 잎과 어느 늦은 여름 풍경과의 겹침 - 바람이 몰아치고 그 바람은 흙 먼지를 일으켜 앞이 잘 보이지 않는다. 이 흙 먼지는 바람을 따라 벽을 만들지만 차가운 잎 사이로는 깨끗한 바람이다. 바람이 불어와 눈을 감는다. 감은 눈 위로 따뜻한 태양이 빛난다. 그 따뜻한 하늘 아래에서 태양 빛을 그리워하는 나무와 같이 팔을 뻗어 본다. 저물어가는 햇살 아래 한가로움을 다시 한 번 느낄 때, 하늘인지 구름인지 알지 못하게 하려는 듯이 아지랑이가 선다. 하얀 구름은 태양을 품자, 검게 변하는데 그 주위는 아직 하얗다. 태양의 선을 보기에도 눈이 부셔 검은 곳으로 눈을 피한다. 어느새 흰 구름이 움직이고 있다. [지금 태양은 보이지 않지만 구름 사이의 햇살은 오히려 더욱 정답다.] 햇살 아래 창문 밖 버드나무는 남쪽으로 하늘거리고 이 모습과 겹쳐진 푸른 하늘, 하얀 구름, 따뜻한 햇살, 갈색 낙엽 그리고 사람들, 이 모든 것들은 하나씩 제자리로 돌아가는 듯한 느낌이다. 떠오르는 듯한 가벼운 몸을 억누르지 못하고 자리에서 일어선다.

33. 가벼움

삶은 바람에 날릴 정도로 가벼운 것이 좋다. 가벼움의 특징은 변화한다는 것이다. 삶을 가볍게 변화시키지 않는 자는 중력을 이겨내지 못한다. 너무 많은 [명예]를 가져도, 너무 많은 [지식]을 가져도, 너무 많은 [관계]를 가져도, 너무 많은 [받음]을 가져도 마찬가지이다. 약자로부터 벗어나는 것은 그렇게 어렵지 않다. 사실, 진정한 강자와는 별 차이 없다. 가벼워지면 된다.

잘린 그루터기에서 자란 버드나무 가지의 가을 향기 - [한가로이 흔들리는 나뭇잎은 바람으로부터가 아니라, 스스로 움직이는 듯이 끊임없이 흔들린다.] 아래로 머리를 숙인 나뭇가지 하나는 힘겹게 바람을 맞으며 한데 뭉친 나뭇잎들 사이에서 움직임 없이 초연하려는 듯한 느낌을 준다. 나뭇잎 뒤에 숨어 있던 붉은 해는 흔들리는 나뭇잎 사이에서 그 모습을 드러내려 무거운 걸음을 시작한다. 이제는 흔들리던 나뭇잎도 지쳤는지 따뜻한 태양의 빛을 맞으며 힘을 저축하고 있고, 이 모습을 바라보면서 부드러운 미소를 띠운다. 잘린 그루터기로부터 자란 듯한 버드나무 가지는 균형 잡히지 못한 모습으로 다가서고 하얀 장미를 만지려는 순간, 바람은 그 향기를 보낸다. 잔디 위에 앉아 멀리 산을 보면, 산과 산 사이의 어두운 또 다른 산 그림자가 눈에 들어오고, 그곳은 그의 가벼운 향기로움을 머금은 것 같다.

34. 나른함

매일 즐겁고 행복한 자는 많지 않다. [더 큰] 즐거움에 마음을 빼앗기기 때문이다. 이는 보통 자신의 즐거움을 자랑하는 허영심에 가득한 자나 장사꾼들의 술수 때문이다. 그들은 우리 사람들을 무엇인가 가지지 못한 약자로 만들기에 혈안이 되어 있다. 그들로부터 벗어난 욕심 없는 나른함이 그립다.

익은 벼를 벤 들판의 쓸쓸함 속 평온 - 파란 나뭇잎 끝에 빨간 잎이 그 모습을 뚜렷이 나타내고, 그 빨간 잎은 파란 잎들마저 가을 향기로 바꾼다. 수채화를 보는 듯한 풍경 속에서 익은 벼를 벤 들판은 쓸쓸히 그 모습을 드러낸다. 무엇인가 머금은 듯한 하늘을 돌아보면 태양은 여전히 내리쬐고 있는데, 이 모습은 한가로이 걷는 소의 걸음걸이와도 같이, 즐거운 한적함을 느끼게 한다. [곁에 항상 이해해줄 자나 이해할 만한 자가 있는 것은 아니다. 그래도 걱정 없다.] 기쁨으로 충만한 삶의 즐거움에 대한 회상만으로도 나른해짐과 함께 고요함을 느끼게 한다. 그런 즐거움은 잠깐이어도 충분하다.

35. 상심

자신의 상심이 아름다움을 가장하기 위한 것은 아닌지 한 번쯤 돌아볼 필요는 있다. 사기꾼 철학자와 시인이 만들어 놓은 덫에 걸리면 안 된다. 아무렇지도 않게 여길 일은 그렇게 생각하는 것이 건강에 좋다.

붉은 감의 또 다른 붉음 - 언젠가 본 듯한 동쪽 하늘을 붉게 물들이는 저녁놀과 그 사이에 보이는 푸른 하늘은 슬픈 대조를 이루고, 혹시 저녁놀의 그 붉음 탓인지도 모를 감나무에 달린 그 소중한 열매의 붉음은 나도 모르게 눈길을 동쪽 산으로 돌리게 한다. 슬픔으로 그 모습이 붉게 되었는지 그 붉은 모습이 마음을 슬프게 하였는지 모르겠다. 아무튼, 하늘은 당분간 계속 붉은빛을 발하려는가 보다. 추수를 앞둔 그리고 추수를 끝낸 벌판에서 다리를 끌듯이 걷는 이 모습은 자연에 동화(同化)된 모습을 느끼게 해 주는 듯하고, 걸음마다 솟는 흙 먼지에 쌓인 얼굴은 문득 미소로 가득 차 있다. 그런데, [아름다움과 슬픔의 동일성에 대한 오류는 얼마나 많은 자(者)의 마음을 상하게 하려는가.]

36. 무지 그리고 두려움

태양이 보이지 않아도 존재한다는 것은 모두가 잘 알고 있다. 그런데 이상하게도 지금 눈에 안 보이고 밖이 어두우면 그 사실을 곧 잊어버린다. 하지만 분명 오해이다. 슬픔도 기쁨도 아닌 평온한 즐거움은 태양과 같이 항상(恒常)하다.

달이 없는 검은 하늘 속 전율 - 멀리 반달이 넘어갈 듯 보이고, 처음에 그 모습을 완전히 갖추지 못하였으나 희미하게 그 동그란 모습을 완성시키는 것이 멀리 하늘에서 날아오는 새가 그 모습을 갑자기 감추듯이 날카로움이 그윽하다. 이제 그 반달 는 눈에서 사라져 가고 있다. 나뭇잎 사이로 보이는 달은 처량한 법인가. [달이 없는 검은 하늘은 무서운 전율이 감돌지만, 내리쬐는 태양의 뜨거움 아래, 눈을 뜨는 순간의 두려움에 비하겠는가.]

37. 혼동

동일한 대상에 대한 감정도 아침저녁 다르다. 그러므로 감정의 근원은 나에게 있음에 틀림없다. 타자(他者)를 아름답게 그리고 추(醜)하게 만드는 것 모두 나이다. 마찬가지로 나를 아름답게 그리고 추하게 만드는 것도 바로 나이다. 보통은 나를 아름답게 하는 것은 나이고, 나를 추하게 만드는 것은 타자(他者)라고 생각한다. 누가 보아도 우스운 생각이다.

구름을 기다리는 달 - 새벽녘의 안개는 차갑고 이슬을 머금고 있다. 이 구름과도 같은 안개는 아득하게 몸을 감싼다. [달은 그 모습을 드러내지만 부끄러운 듯 멈추어 구름을 기다린다.] 오늘 아침, 빨갛게 익어 가던 붉은 감은 눈에 들어오지 않고, 단지 노랗게 변하는 들판이 정답다. 가끔은 색채가 그렇게 중요하지 않다.

38. 따뜻함

우리는 모두 따뜻함을 가지고 있다. 어느 때 잠시 느끼지 못할 뿐이다. 겨울 햇살이 차갑게 느껴지는 것과 같은 이유로. 우리의 슬픔이 만일 타자(他者)의 차가움에 기인한다면, 이유가 있는 법이다. 그러나 우리의 생(生)을 건다면 무엇이든 따뜻하게 할 수 있다. 자신의 슬픔이 자신의 형편 없는 이기심에서 기인했을 수 있음을 잊지 말아야 한다.

아침 햇살의 서정 - 오늘 아침 햇살은 따뜻하다. 아니 햇살은 원래 따뜻한가 보다. 아침 햇살은 풀잎, 노랗고 푸른 색이 반반 섞인 풀잎 같다. 사탕처럼 달콤한 아침 햇살은 다정한 사람의 품속 같이 아늑하다. 아침 햇살은 음지와 양지의 경계와도 같이 상쾌하다. 바람 같은 아침 햇살은 그 모습을 드러내지 않고서 어느새 밀려온다. 아침 햇살은 정다운 친구들과 함께하는 꿈결 같다. [아침의 느낌은 방안 어둠 속으로 밀려 들지만, 창 밖 나뭇잎에는 아직 비추지 못하는 듯하고, 하늘이 자신의 모습을 엷게 화장한 후에야 아침 햇살은 그 고운 하늘 위로 달려온다.]

39. 허위

진실과 허위 속에서 삶이 어지럽다. 사유(思惟)는 길을 알려 줄 것이다. 사유(思惟)하는 이유이다. 우리가 기뻐하는 일이 기뻐할 만한 일인지, 우리가 슬퍼하는 일이 슬퍼할 만한 일인지. 내가 기쁠 때, 타자(他者)가 슬프다면 그것은 기쁜 일인가. 내가 슬플 때, 타자(他者)가 기쁘다면 그것은 슬픈 일인가. 기쁨과 슬픔은 대부분 이기적 감정이다. 만일 내가 타자(他者)를 수용하면, 기쁨과 슬픔 그리고 그 과정의 어지러움은 조금 초월할 수 있지 않겠는가.

태양으로 가는 길 - 태양은 뜨거움을 피하지 않는 자만을 사랑한다. [태양으로 가는 길은 자신을 불태우면서 그를 향해 가는 길밖에 없다.] 때로 슬픔을 기쁨으로, 기쁨을 슬픔으로 느껴야 하는 것이 우리를 흐트러지게 한다.

40. 길을 잃은 듯한 느낌

길을 잃으면 가지 않은 길을 갈 수 있다. 간혹 위험하긴 하지만 모든 것이 새롭고 가슴 뛴다. 같은 이유로, 가끔 삶에서 길을 잃는 것도 나쁘지만은 않다. 지금 힘들고 어렵다고 그렇게 걱정할 것 없다.

구름 속 태양의 윤곽, 눈으로 느낄 수 없는 것들의 다가옴 - 구름은 조금의 틈도 없이 태양을 가로막고 있고, 그 어두운 듯한 날씨 속에서 느끼는 상쾌함은 5월 연녹색 잎의 느낌 같다. 오후의 태양은 그 두터운 구름을 뚫고 원의 윤곽만으로 그 모습을 드러낸다. 흐린 하늘을 바라보며 땅에 기대면 눈으로는 느낄 수 없는 가슴 설레는 것들이 길을 잃은 듯한 느낌으로 다정히 다가온다. [항상 매혹스런 모습으로 쉬게 해 줄 수 있는 자(者)는 누구인가. 구름이 가릴 수 없는 자(者)는.]

젊은 날, 여름 감성의 특징은
아무렇지도 않게 여길 일은 그렇게 여기는 것이다.

41. 생성

계절의 생성은 알게 모르게 천천히 다가온다. 우리 삶도 다르지 않다. 만일 그렇지 않은 생성이 있다면 그것은 완전한 생성이 아닐 가능성이 크다. 모든 것은 때가 있다. 과실이 익는 것과 같이. 슬픔도 천천히 잊혀진다. 서둘러 잊으려 하는 것은 추운 겨울을 따뜻한 입김으로 덥히려는 것과 같다.

아침 안개의 부드러움 - 아침 안개를 맞으며 걷는 길은 계절이 서서히 잉태되어 탄생되는 것과 같은 알 수 없는 느낌을 온몸에 드리운다. [한 걸음, 한 걸음, 시간을 밟으며 나아간다. 부드럽다.]

42. 투명함

빛은 모여야 투명해 진다. 투명은 아무것도 보이지 않는 것이다. 이것은 상당히 유용해서 자신을 드러내지 않고 대상(對象)에 다가갈 수 있게 한다. 불투명한 것은 자신 탓이다. 모든 것을 통합, 수용하는 것이 쉬운 것은 아니다. 격한 폭풍과 같이 밀려드는 슬픔조차도 나를 위한 투명화 과정일 수도 있다. 투명하지 않으면 앞이 보이지 않아 위험해 질 수 있다.

코스모스 향기의 주홍빛 투명함 - 길목마다 코스모스는 끝이 없다. 그 속에서 따뜻한 손길 같은 작은 바람은 어디에선가 향기를 몰고 오는 주홍빛 꽃가루를 나른다. [미풍의 오솔길을 걷는 듯한 자연스러움, 그리고 영원한 것을 줄 수 있는 듯한 어렴풋한 모습을 그리다 깨어나면, 어릴 적 아카시아 달콤한 숨결이 다가오는 듯 사라진다.]

43. 동경 (憧憬)

밝음 속 자유 공간, 우리는 이것을 꿈꾸는가. 만일 현실이 그렇다면 어지러움에 힘들지도 모른다. 공간을 비행하는 법이 쉽게 익혀지지 않을 것이다. 그러나 추락하지는 않을 것이니 걱정할 것 없다. 단지, 연습이 필요하다.

바위산 깊은 골짜기의 동경 - 깊은 어둠 속에서 빠져 나오려 가볍게 손을 쥐어 보지만 더욱더 깊은 미로 속으로 빠지는 듯하다. 눈을 뜬다. 무엇을 갈구(渴求)하는가. [깨어 있는지 잠이 들었는지 알 수 없으나 무엇인가 밝음이 느껴진다. 그 다색(多色)의 밝음 속, 자유 공간이 펼쳐져 있다.] 멀리 바위산, 눈에 들어오는 낯선 사물은 마치 깊은 골짜기에 사는 자가 먼 곳을 동경하듯이, 조용히 가슴 설렘을 던져 준다.

44. 망각

망각하는 이유는 다른 것들이 자꾸 들어와 가득하기 때문이다. 위대한 깨달음도 생각의 먼지 속에 쌓이면 하루 저녁을 넘기기 어렵다. 매일 공부하지 않으면, 처음부터 공부하지 않은 자와 크게 다르지 않을 수 있다.

걸음 마다 일어나는 먼지 속에서의 망각 - 걸음걸음마다 먼지가 일어나 시야를 가린다. 깊은 호흡을 방해하는 고운 흙 먼지는 숨을 들여 마시면 깊숙이 빨려 들어오는 듯하다. [무엇인가 잃어버린 듯한 느낌에 자꾸 뒤를 돌아본다. 그러나 잃어버린 것은 없었다.]

45. 서성임

나무는 어느 해 열매 맺지 않으면, 다음 해 더 많은 열매를 맺는다. 모든 일에는 이유가 있고 또 때가 있다. 우리 삶에서 시간이 배제되면 그리 아쉬울 일은 많지 않다. 조금 서성이다 보면 반드시 때가 온다. 조급한 마음이 들면 산책을 권한다.

서성이는 바람과 열매 맺지 않는 나무 - 빛 방울이 뿌려진다. 하지만 내리쬐는 태양의 열기로 벗어나기 어려울 만큼 메말라 있는 대지는 내리는 비를 삼켜 버리고 있다. [바람처럼 서성대며 열매 맺지 않는 나무를 가꾸는 듯한 허무함을 되새긴다.] 구름과 저 바람은 잠들 때까지 곁에 있으려는지. 소용 없는 일이었다.

46. 위로 (慰勞)

지난 일을 아쉬워할 필요는 없다. 대부분의 경우, 다른 선택을 했어도 결국은 비슷한 결과였을 것이다. 우리는 같은 아쉬움의 계속된 반복만 피하면 된다. 그러나 이것도 결코 쉬운 일이 아니다. 선택의 순간 숨어 있던 이기심이 다시 우리를 장악하기 때문이다. 이런 아쉬움의 반복을 극복하려면 적지 않은 시간과 노력이 필요함을 기억해 두어야 한다. 보통, 대부분 이런 저런 이유로 포기한다.

어느 흐린 가을 날 노을 속 별들의 밝음 - [태양이 비추지 않은 날, 저녁놀은 날이 저물어도 그 빛을 발한다.] 마치 하루를 위로해 주는 것처럼, 놀을 따라 스며든 별들이 하나씩 그 모습을 드러내고 있다.

47. 아득함

나락에 떨어진 듯한 아득함. 기분일 뿐이다. 아무 일도 아니다. 나락에서 천천히 올라오면 된다. 아무렇지도 않은 척하고 있을 뿐, 우리 거의 모두 그렇게 하고 있다.

어느 가을 늦은 오후, 조금 가파른 산정에서 - 자신으로부터 사람들이 영원히 멀어지는 것이 느껴질 때의 아득함이란. [사실, 그래도 모든 것은 그대로이다.] 저 기다란 바위 앞 소나무는 이것을 몇 번이고 이야기 한다.

48. 안심 (安心)

내가 [나]임을 알고, 대상(對象)이 [대상(對象)]임을 인식할 수 있다면 그것으로 충분하다. [투명한 정신], 이것 하나면 세상은 우리 것이다. 세상 모든 것이 막힘 없이 그대로 우리에게 다가오기 때문이다.

하늘과 버드나무의 편안한 대화 - 하늘은 자신을 파랗게 물들이고 늘어진 버드나무는 땅에까지 몸을 대고 쉬고 있다. [자유롭게 억압으로부터 등을 돌리고, 하늘, 그 푸른 하늘 밑에 있음을 자랑스러이 확인한다.]

49. 시선

우리를 지배하는 것은 보통 과거의 기억과 사실이다. 문제는 이것을 진리라고 생각하는 것이다. 둘 사실과 진리 을 구분해 주는 것이 철학 사유(思惟) 의 일이다. 철학은 우리 모두의 학문이다. 슬픔에 잠긴 자들은 자신도 모르게 사실로부터 벗어나기 위하여 철학이 눈에 들어오기 시작한다. 철학은 다름 아닌 존재 [나] 에 대한 시선이다.

어두운 구름 사이로 비추는 태양의 시선 - 강한 바람이 얼굴에 부딪혀 손끝까지 전해 온다. 하늘은 검은 구름 속에서 그 푸르름을 창조하듯이 얼굴을 내밀고, 태양은 그 어둠을 비웃듯이 구름 사이로 서광을 비추면서 여러 갈래의 길을 저편 산으로 던진다. [여행을 떠나던 어느 맑은 아침의 설레던 기억이 떠오른다.]

50. 진리

엄격한 진리도 가끔 눈을 감고 침묵할 때가 있다. 물론 그렇게 많지는 않겠지만, 삶을 압도하는 아름다움(美)에 취하기 때문이다. 이때 만큼은 세상은 진리가 지배하지 않는다. 그럴 때도 있음을 알아야 사람들과 나를 이해할 수 있다. 마찬가지로 삶을 압도하는 슬픔은 진리를 물러나게 한다. 신(神)은 모든 것을 이해하고 허락한다. 마음껏 슬퍼해도 된다.

보라빛 노을 아래 침묵하다. - [보라빛 노을은 삶 전체를 변화시키기도 한다.] 아무것도 이야기할 수 없음이 이해 받을 수 없음이 사람들 사이에서 다시 눈 감게 한다.

위대한 깨달음도 생각의 먼지 속에 쌓이면 하루 저녁을 넘기기 어렵다.
매일 공부하지 않으면, 처음부터 공부하지 않은 자와 다르지 않을 수 있다.
젊은 날의 여름 감성을 유지하려면 계속 공부해야 한다.

51. 그리움

그리움은 여유로움의 증거이다. 비슷하게, 지금 슬프다고 느낀다면 희망적이다. 걱정할 것 없다. 그리고 조금 더 이야기하면, 굉장한 것만이 그리움과 슬픔의 대상은 아니다.

하얀 뭉게구름의 부드러운 응시 - [누군가가 나를 보는 듯한 느낌으로 눈을 돌리니 하얀 구름이었다.] 그는 융단과 같은 느낌으로 나를 감아 정다웠던 그리고 평온했던 시절로 돌려보낸다.

52. 차가운 아름다움

따뜻함에서만 의미를 찾지 말 일이다. 한여름 태양 아래에서 따뜻함은 삶을 더 힘들게 할 뿐이다. 때로는 얼음 같은 차가운 단호함이 삶을 향상시키기도 한다. 기쁨과 슬픔의 경우도 마치 이솝 우화처럼 동일하다. 때에 따라서는 모두 필요하다. 기쁨을 위해 살아가고, 슬픔을 피하기 위해 노력한다. 유용성으로 보면 슬픔이 더 유용하다.

맑은 가을 날 노을의 가파른 차가움 - [맑은 날 노을은 평행한 직선으로 색조를 이루며 가파른 모습을 보인다.] 아름답지만 차갑다.

53. 기억

우리는 기억 속에서 즐겁게 뛰어 노는 것이 좋다. 아무리 힘들고 슬픈 기억이라도 사실은 이미 결정되어 있는 것이다. 슬픔의 반은 [과거 타자(他者)에 대한 연민]을 기원으로 하고, 나머지 반은 [미래의 나에 대한 연민]을 기원으로 한다. [나에 대한 연민]만 떨쳐 버려도 슬픔은 반으로 줄어든다.

사슴을 닮은 구름 - [기억이란 즐거이 뛰어 노는 사슴과 같다.] 지금 구름이 사슴을 닮아 간다.

54. 시간 느낌

시간은 평등하다. 진리도 평등하다. 그러므로 모든 인간 일반의 삶도 평등하다. 단지 불평등한 것은 암기력의 차이이다. 암기력이 좋은 자들이 불평등을 부추긴다. 그런데 사실 이것은 힘에 대항하기 위한 인간적인 진화였다. 진화가 너무 진행되어 돌이킬 수 없기 전에 다른 방법을 찾아야 한다. 힘과 암기력을 대체할 다른 대안이다. 한 가지 잊지 말 것은 지금까지의 방법이라면 또 다른 약자를 탄생시킬 뿐이라는 것이다. 우리는 강자도 약자도 없는 세상을 추구한다. 그리고 행동이 필요하다.

차가워진 가을 비 - 먼지가 비에 젖어 가라앉는다. 비는 밤이 되자 그 방울이 커진다. 많은 것들이 비가 차가워진 것을 느끼고 생존을 걱정하는 것 같다. [시간이 다가오는 것은 감성을 통해서 뿐이다.]

55. 나를 느낌

진리가 넘쳐 난다. 여기저기 진리들이 외친다. 무엇이 진짜인지 알 수 없다. 그때 진리 판별 법이 있는데 그것은 진리는 존재 [나]를 느끼게 한다는 것이다. 그렇지 않으면 대부분 가짜이다. 그러므로 강자들이 가진 것은 대부분 가짜이다. 약자들과 별 차이 없다.

웅덩이에 떨어지는 빗방울 파문과 [나] - 비가 내린 땅 내음이 향기롭다. 어디선가는 찬바람이 불어오지만 구름을 휘돌아 온 듯하여 다정스럽다. [차가운 비를 맞으며 빗방울을 세어보는 자(者)를 마음껏 느껴본다.] 빗방울이 머무르는 웅덩이 속에서 끊임없이 파문이 인다.

56. 공평

평등하지 않은 진리는 돌아볼 필요도 없다. 자신을 특별한 자라고 생각하는 자는 이미 존재의 가치를 잃어버린다. 그런 자들 속에 자신을 초라하게 느끼는 어리석음은 범하지 않는 것이 좋다.

가을 나뭇잎 속 공평 - 창 밖 버드나무는 아직 녹색이지만 잎이 큰 떡갈나무는 이미 깊은 노란색으로 변해 버렸다. [시간은 의외로 공평하지 않다.] 이는 오해를 불러 일으킨다.

57. 무색(無色)

사실 우리가 원하는 것은 그리 대단한 것은 아니다. 그것이 대단하리라는 기대와 착각이 있을 뿐이다. 실제로는 소박하고, 단정하게 지낼 수 있는 것 이상은 필요 없다.

비 온 아침, 혼돈 - 비가 온 것인지 아닌지, 지금이 아침인지 저녁인지 혼란스러워 창을 여는 순간, 반가움이 밀려온다. [사실 아침인지 저녁인지는 상관없었다.] 즐거운 혼돈이다.

58. 으스름함

바위와 같이, 생각을 멈추어 편안한 마음을 갖는다. 문득, 삶과 죽음이 별 차이가 없게 느껴진다. 슬픈 영혼들도 걱정할 것 없다. [욕망에 빠져 깨끗함과 더러움을 구분하지 못하는 것]보다 슬픈 영혼이 아름답다. 타자(他者)를 가르치려면 준비가 되어야 한다. 그렇지 않으면 그의 입에서 악취가 날지도 모른다. 강자들은 보통 가르칠 수 없다. 자격이 없기 때문이다. 으스름한 큰 바위는 이 모든 것들을 이야기한다.

새벽 운무 바위 부딪힘 - [새벽 운무(雲霧)는 시야를 가리고 마치 먼 바다로부터 올라오는 흰 파도와 같이 바위에 부딪힌다.] 엄청나게 크고 푸른 빛의 바위는 파도에 몰려 쓰러질 듯한 모양으로 으스름하다.

59. 의문

변화하지 않는 모습만으로도 그 역할이 충분하다. 모든 것이 변하는 곳에서 변하지 않는 것을 보여줄 수 있으면, 그는 이 세상 가장 고귀한 자이다. 보통, 거짓 강자에게서는 발견하기 불가능한 일이다.

나뭇잎과 태양의 공통점 - 태양은 항상 변치 않으면서 영원히 변화하는 모습을 보여준다. [저 앞 작은 나뭇잎은 별로 중요하지도 않은 자신의 역할을 하다 사라진다.] 그렇다고 딱히 그렇게 중요한 것도 없다.

60. 미덕 (美德)

[반시대적 고찰] 번영은 약자들을 착취하기 위한 수단일 뿐이다. 번영을 가장해 사람들을 끊임없이 변화시킨다. 사기꾼들에게 이제 그만 속아야 한다. 허위로 창조된 누군가를 모방하게 하여 삶을 핍박시킨다. 그러나 약자는 물론 강제당할 수는 있지만, 결국 자신을 약자로 선택하는 것은 자신이다.

변화해야 하는 것 그리고 변화해서는 안 되는 것 - 유난히 맑은 달빛은 많은 별빛을 가리지만 항상 달 옆에서 빛나고 있는 별만은 그 빛을 잃지 않고 있다. [항상 주위에서 변치 않음은 그것으로 충분한 미덕이다.]

젊은 날, 여름 감성의 특징은 무색(無色)이다.

61. 중독

진정한 강자는 보통 스스로 선택한다. 무엇인가에 중독되어 있다면 이미 약자이다. 보통 사유(思惟)의 중독은 마약의 중독보다 위험한 상태이다. 그것을 정상 생활로 인식하도록 중독시키기 때문이다. [어리석은 중독으로부터의 벗어남]. 이것이 우리를 약자화하는 거미줄로부터 벗어나는 지름길이다. 그러나 [그들이] 하이데거의 그들, [나]에 대하여, 김유정, p49 그들의 장사를 위해서 그대로 내버려 두지는 않을 것이다.

나뭇잎이 많이 떨어진 가을 느티나무가 이야기하는 것 - 작은 곤충들은 계절의 변화는 느끼나 그 변화 속 불변은 느끼지 못한다. [수목(樹木)은 말할 수 있다면 많은 것을 이야기해 줄 것 같다.]

62. 비밀

한 번에 혼돈이 해결되지는 않는다. 얽힌 실을 풀듯이 하나하나 천천히 시간을 가지고 풀어야 한다. 성격이 급한 자들은 불가능한 일이라고 단념할 것이다. 그들의 기질에 맞지 않기 때문이다. 그러나 혼돈의 끈을 끝까지 푸는 자(者)는 많은 사람을 자유롭게 해 줄 것이다. 자신이 풀지 못하겠다면, 누군가 푸는 것을 방해하지는 말일이다.

바람 속 나뭇잎의 흔들림 - 내가 걸어가는지 이 모든 산하(山河) 그들이 나에게 다가오는지 혼란스럽다. [바람이 불어 나뭇잎이 흔들린다. 사실, 이것도 잘 모르겠다.] 혹시 내 움직임이 바람을 일으키는가.

63. 오인

내가 알고 있는 것이 옳을 확률은 그렇지 않을 확률보다 그렇게 높지 않다. 너무 자신의 생각에 소리 높이지 않는 것이 좋다. 이렇게 함으로써 [강한 약자]의 조건을 어렵지 않게 갖출 수 있다.

해질녘 점점 커지는 태양 - 해가 질 때 그림자는 쉽게 변해 커진다. 그렇다고 내가 커지는 것은 아니다. [해가 질 때 태양이 점점 커져 간다. 물론 그럴 리 없다.]

64. 순수

우리는 약자와 강자를 나누지 않는 아름다운 자(者)를 꿈꾼다. 그는 우리 모두에게 순수함을 줄 것이다. 순수함은 약자의 최대 무기이다. 그가 강자인지 약자인지 구분할 수 없기 때문이다. 두려움은 순수함을 후퇴시킨다. 두려움에 의한 소심함의 전염, 거짓 강자들이 자신의 목적을 달성시키는 중요한 수단이다.

별들이 잘 보이는 가을 밤, 그리움 - [별을 쳐다보는 아름다운 자의 눈동자가 그립다.] 누구라도 가끔은 그럴 것이다.

65. 뜨거움

해 보지 않은 것에 대한 두려움이 인간의 행동을 제한한다. 낯선 여행에서 우리가 두려워해야 할 것은 야수(野獸)가 아니라, 익숙하지 않은 곳에서 자신을 제어할 수 없음이다. 서두르지 않고 천천히, 한 걸음 한 걸음 준비하고 나아가면 곧 자신만의 삶이 드러날 것이다. 원래 약자는 없다. 두려움이 있을 뿐이다. 걱정할 것 없다.

태양의 뜨거움에 대한 오해 - [해 질 녘의 태양이 잘 익은 감처럼 보여 손을 뻗어보며 미소 짓는다. 손끝에 그 뜨거움이 느껴지는 것은 오해일 것이다.]

66. 경쾌함

아침에 생각한 것과 저녁에 생각한 것이 다를 수 있다. 어떤 자(者)는 아침의 것을 고수하고, 어떤 자(者)는 저녁의 것을 고집한다. 보통 후자(後者)가 거짓 강자의 특징이다. 우리는 저녁이 될수록 고집스러워지기 때문이다. 그러나 이는 다음 날 아침, 또 달라질 수 있다. 거짓 강자를 따르면 인간은 방황한다. 보통 [자유로운 약자]의 선택이 믿음직하다. 다자(多者)를 대변(代辯)하기 때문이다.

오늘 아침과 다른 저녁의 태양 - 맑은 하늘 속에서 비가 뿌려지고 조금 있으려니 바람은 급히 불어 우박이 대지를 때린다. 잠시 후 따스한 햇볕이 또다시 비추고, 돌아오는 길에는 오늘 아침 태양과 같은 그 태양으로 노을이 또다시 아름답다. 멀리 붉은색 태양은 산에 걸쳐 그 모습을 자랑스럽게 드러내고, 부끄러운 듯 붉은빛을 발산하는 반대편 하늘에는 달무리가 그 붉은빛을 시샘하듯 단장하고 있다. 이 대조는 마음을 경쾌하게 한다. [정말 오늘 아침 태양이 지금 이 태양이었던가.]

67. 망설임

슬플 때도 있고 기쁠 때도 있다. 슬픔이 쌓여 가면 기쁨이 반감된다. 나이가 들수록 웃음이 줄어드는 이유이다. 그러나 슬픔을 견딘 자(者)만이 슬픔과 기쁨을 초월한 [명랑성(明朗性)]을 가질 수 있다. 이는 인간이 가지는 지고(至高)의 매력 중 하나이다.

노을 속 별과 반대편 하늘의 달 - 붉은 노을 위에 별이 빛나고 반대편 하늘에는 오늘도 동그란 달이 서서히 그림자를 드리우고 있다. [아마도 노을 위 별이 사라져야 달이 떠오를 것이다.]

68. 한가로움

슬픔에 잠긴 약자(弱者)에게 필요한 것은 한가로움이다. 그것은 그를 회복시킨다. 세상은 약자들의 것이다. 진정한 강자를 탄생시키는 것도 약자들이다. 모두 알고 있는 사실을 [어리석은 강자]는 [최악의 약자]가 되고 나서야 겨우 인식한다.

따뜻한 햇빛 아래 한가로움 - [태양이 비추고 있는 늦가을 따뜻한 햇빛 아래, 오후 시간 한가로움은 모든 것을 회복시킨다.] 슬픔에 잠긴 약자들, 그렇게 걱정할 것 없다.

69. 무이 (無異)

타자(他者)가 즐거워 보이는가. 항상 그렇지는 않다. 즐거울 때가 있을 뿐이다. 배고픔을 해결해 주는 한 조각 음식이 기쁨을 준다. 시간의 작용에 의한 병과 죽음이 슬픔을 준다. 이것들을 제외한 감성적 슬픔과 기쁨은 타자(他者)와의 [다름]에 의한 현상이다. 같을 이유가 없는데, 이상할 정도로 [같음]을 추구한다. 그 [같음]의 다른 의미를 생각해야 한다. 방향이 잘못된 경우가 많다.

파람, 다르지 않음 - [파란 하늘에 우리의 눈도 파랗게 물들여진다. 그리고 우리 눈 속의 모든 것도 파랗게 변할 것이다.]

70. 정다운 가슴 뜀

슬픔을 느끼는 자에게도 즐거움은 있다. 걱정 없다. 시간의 순서만 다를 뿐, 우리 모두의 삶에서 슬픔의 총합은 비슷하다. 서두르지 말고 한 걸음 한 걸음, 한숨 한숨 쉬면, 모든 것이 다시 정다움으로 눈짓할 것이다.

가을 산 속 오두막, 검은 밤의 가슴 뜀 - 검은 밤은 정답다. [정다운 사람과의 다정한 이야기, 즐거운 가슴 뜀이 이 검은 밤에도 느껴진다.]

정다운 사람과의 다정한 이야기, 즐거운 가슴 뜀이 검은 밤에도 느껴진다.
젊은 날의 여름 감성을 유지하는 방법이다.

71. 무력(無力)

무력함을 느끼기에는 할 수 있는 것들이 너무도 많다. 나 우리는 지금 천 가지 일을 할 수 있고, 천 가지 일을 새롭게 만들 수 있다. 내 우리 주위에는 내 결정을 기다리는 하인으로 가득하며, 내 의지로 할 수 있는 것들로 충만해 있다.

붉은 뒷산으로 가는 아침 안개로 가득한 오솔길 -
아침 안개가 짙은 날은 맑다. 서늘한 날에는 특히.
[안개를 입으로 불어 날려 버리려 해도 소용없다.
그리고 물론 필요도 없는 일이다.]

72. 자유로움

[시간의 결정성]을 부인하면 현재는 고정되지 않는다. 슬픔에 잠긴 약자는 현재에 고정되지 않는 것이 좋다. 현재는 과거로 녹아 흐르고 현재는 미래로 바람을 불어 간다. 지금 미래도 곧 과거가 될 것이다. 이렇게 시간은 우리를 상심케 하는 것들 모두를 녹여, 수채화 속 물감이 번지듯 그 경계가 사라지게 할 것이고, 맑은 풍경화 속에 묻혀 있는 진실과 선함이 우리를 끝까지 아름답게 지켜줄 것이다.

사람들이 있는 곳, 정다운 곳으로 눈길을 돌림 - 그 깊음 속으로 빠져 들어간 시간은 태양이 비추는 오후의 한가로움에 제 모습을 드러내고, 무엇인가를 해야 한다는 생각으로 주위를 돌아보면 제자리를 지키던 사물들은 나의 곁으로 다가와, 그것들을 눈 속으로 받아들이는 것조차 힘겨움을 느끼면서도, 그 어지러움과 지금 이 시간 한가로움 사이에서 멀리 보이는 여러 색조의 대비에 눈길을 돌려, 무엇인가 찾으려는 듯한 눈으로 바쁘게 서두를 때, 제 모습을 드러낸 듯했던 시간을 다시 잃어버린 느낌으로 초조해지며, 마치 시간의 경계에 서 있는 듯 주위 깊게 [시간의 결정성]을 부인하면 이

이미 드러내었던 시간조차 그 윤곽이 희미해지고, 아무것에도 제약받지 않는 자유로움으로 몸은 따뜻한 햇살을 맞은 듯이 그 부드러움에 겨워 미소를 띠지만, 어느 순간, 떨어지는 듯한 느낌으로 시간의 벽에 소스라치면서 눈을 감아 버릴 것이기에 혼자서도 무엇인가 행복한 소년의 심정과도 같이 다가오는 사물의 의미를 망각한 채, 변해가는 것들에 몸을 맡겨 향기로운 계절의 내음에 눈길을 돌리고, 그래도 멈춰 서지 않는 시간을 따뜻한 가슴으로 품어 영원의 시간을 간직한 채, 다가서는 바람과 장난치며, 다시 그대로의 모습으로 다가온 시간의 깊음 속으로 빠져들어가, 지나가는 시간을 느끼면서, 태양의 뜨거움에만 마음을 돌리려 하지만, [산을 넘어야 한다는 두근거림으로, 오후의 한가로움이 주는 포근한 가슴으로부터 나와, 사람들이 있는 곳, 정다운 곳으로 눈길을 돌린다.]

맑은 풍경화 속에 묻혀 있는 진실과 선함이
우리 여름 감성을 끝까지 아름답게 지켜줄 것이다.

오늘, 어느 젊은 날의 여름 감성을 다시 찾고 싶은 사람에게
어느 오후 스쳐지나는 바람이 들려주는 이야기

✿ 오늘, 어느 젊은 날의 여름 감성을 다시 찾고 싶은 사람에게

✿ 오늘, 어느 젊은 날의 여름 감성을 다시 찾고 싶은 사람에게

✿ 오늘, 어느 젊은 날의 여름 감성을 다시 찾고 싶은 사람에게

✿ 오늘, 어느 젊은 날의 여름 감성을 다시 찾고 싶은 사람에게

어느 젊은 날의 감성을 다시 찾고 싶은 사람은
산을 넘어야 한다는 두근거림으로
오후의 한가로움이 주는 포근한 가슴에서 나와
사람들이 있는 곳, 정다운 곳으로 눈길을 돌린다.

타인보다 우위에 서려는 생각은

보통, 어릴 때는 갖지 않는다.

어른들이 모든 것을 망쳐 놓는다.

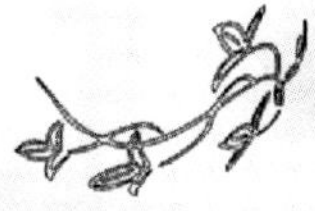

특별한 자는

특별히 나쁜 자와 같은 말이다.

자기를 특별한 자로 여기지 말라.

타인을 복종시키는 것

타인에게 복종하는 것

모두 신을 거역하는 일이다.

술에 취해 비틀거리는

무력한 사회를 단호히 거부하라.

술에 취하면 행복도 비틀거린다.

어느 오후 스쳐지나는 바람이 들려주는 이야기

1

오늘, 사랑에 빠져 가슴 설레는 사람에게
어느 오후 스쳐지나는 바람이 들려주는 이야기

1. 사랑의 진정한 가치는 무엇인가 2. 사랑은 열정적이어야 하는가
3. 사랑의 묘약은 어디에 있는가 4. 사랑은 진리를 달성하게 하는가
5. 비밀은 사랑을 깨뜨리는가 6. 사랑은 공유하는 것인가
7. 사랑은 오랫동안 지속될 수 있는가 8. 사랑의 기술은 무엇인가
9. 사랑은 조건이 필요 없는가 10. 사랑은 아름다워야 하는가
11. 사랑은 주는 것인가 12. 사랑은 어떤 향기가 나는가
13. 사랑은 시간과 함께 쇠퇴하는가 14. 사랑을 위한 주의사항은 무엇인가
15. 사랑은 그렇게 즐거운 것인가 16. 사랑의 제 1 규칙은 무엇인가
17. 사랑은 징표를 남기는가 18. 사랑은 편안한 것인가
19. 사랑은 희생을 전제로 하는가 20. 사랑은 감성인가 이성인가

2

오늘, 자신이 자유롭지 못하다고 생각하는 사람에게
어느 오후 스쳐지나는 바람이 들려주는 이야기

1. 우리는 진정으로 자유로울 수 있는가 2. 자유는 투쟁하여 얻을 수 있는 것인가
3. 자유를 위해 필요한 것은 무엇인가 4. 우리는 정말 자유에 도달할 수 있는가
5. 자유로워 지려고 하는 이유는 무엇인가 6. 자유란 무엇인가
7. 자유를 위한 희생양은 누구인가 8. 우리는 자유롭고 또 편안할 수 있는가
9. 자유는 어디까지 해줄 수 있는가 10. 우리는 언제 자유로운가
11.자유로울 수 있는 조건은 무엇인가 12. 자유로운 시기는 언제인가
13. 우리는 자유에 대하여 무엇을 배우는가 14. 우리는 항상 자유로울 수 있는가
15. 이제, 자유의 억압 시대는 지나갔는가 16. 자유는 무엇을 주는가
17. 자유에 도달하는 비밀의 문은 있는가 18. 우리는 자유를 누릴만한가
19. 자유, 우리가 부끄러워해야 할 것은 무엇인가 20. 우리, 정말 자유를 원하는가

3

오늘, 세상의 부정의와 부도덕에 눈물짓는 사람에게
어느 오후 스쳐지나는 바람이 들려주는 이야기

4

오늘, 자신의 무력함에 좌절하는 사람에게
어느 오후 스쳐지나는 바람이 들려주는 이야기

5

오늘 갑자기 신이 원망스러운 사람에게
어느 오후 스쳐지나는 바람이 들려주는 이야기

1. 신은 우리에게 꼭 필요한가 2. 신은 우리에게 무엇을 주는가
3. 신은 자비로울 필요가 있는가 4. 신에게 모든 것을 맡기면 되는가
5. 신은 평등을 원하는가 6. 신은 항상 우리를 돌보고 있는가
7. 신이 원하는 것은 무엇인가 8. 신은 이미 죽었는가
9. 신은 정말로 공평한가 10. 신은 우리를 사랑하는가
11. 신이 있는데 왜 모두 선하게 되지 않는가 12. 신은 악한 자를 정말 용서하는가
13. 신은 약자 편인가, 강자 편인가 14. 신은 우리를 위로해 주는가
15. 신이 우리를 창조했는가, 우리가 신을 창조 했는가 16. 우리는 신에 대하여 얼마나 알고 있는가
17. 신은 완전한 인간을 원하는가 18. 신은 아름다울 수 있는가
19. 신이 우리와 다른 점은 무엇인가 20. 신은 우리에게 무엇을 원하는가

6

오늘 갑자기 나란 존재가 무엇인지 혼란스러운 사람에게
어느 오후 스쳐지나는 바람이 들려주는 이야기

1. 존재는 죽음과 함께 소멸하는가 2. 존재는 시간에 부자유한가
3. 존재는 우열이 있는가 - 1 4. 존재는 우열이 있는가 - 2
5. 존재는 가벼운가, 무거운가 6. 존재는 어떤 색인가
7. 존재는 그렇게 허무하게 사라지는가 8. 존재가 드러내는 것들은 유인가 무인가
9. 존재로부터의 탈출은 가능한가 10. 존재와 무는 서로 대립하는가
11. 우리는 존재의 이유를 찾아야 하는가 12. 우리는 존재에 대하여 알고 있는가
13. 존재는 무엇을 통하여 인식되는가 14. 우리는 존재를 버릴 용기가 있는가
15. 존재는 우리에게 무엇을 주는가 16. 존재는 불변인가 항변인가
17. 존재는 가능인가 불가능인가 18. 존재는 누가 창조하는가
19. 존재는 불행의 근원인가, 행복의 근원인가 20. 우리는 실제 존재의 이야기를 듣는가

7

오늘, 무엇이 옳은 것인지 흔들리는 사람에게 어느 오후 스쳐지나는 바람이 들려주는 이야기

1. 진리는 언제 우리에게 다가오는가 2. 진리는 어디에 머물고 있는가
3. 진리는 무엇으로 판단하는가 4. 진리는 왜 침묵하는가
5. 진리는 정말 유익한가 6. 진리는 어려운 것인가, 쉬운 것인가
7. 진리는 항상성을 지니는가 8. 진리는 특별한 것을 주는가
9. 진리는 어떻게 전달되는가 10. 진리에 이르지 못하게 하는 것들 - 1
11. 진리에 이르지 못하게 하는 것들 - 2 12. 진리에 이르지 못하게 하는 것들 - 3
13. 진리에 가깝게 도달한 증거는 무엇인가 14. 진리는 우리에게 어떤 도움이 되는가
15. 진리는 무거운가 가벼운가 16. 진리는 시간에 따라 불변하는가
17. 진리가 지켜주는 것은 무엇인가 18. 진리에 도달하기 위한 마지막 관문은 무엇인가
19. 진리와 존재는 무엇이 더 중요한가 20. 진리에 도달하는 방법은 무엇인가

8

오늘, 세상의 불공정함으로 슬퍼하는 사람에게 어느 오후 스쳐지나는 바람이 들려주는 이야기

1. 평등은 우리에게 이익인가 손해인가 2. 평등은 자유정신을 억압하는가
3. 평등의 대상은 어디까지인가 4. 평등한 우리는 행복한가
5. 평등은 어떻게 유지되는가 6. 평등을 바라는 자와 바라지 않는 자
7. 평등을 향한 허영심 -1 8. 평등을 향한 허영심 -2
9. 우리는 평등을 누구에게 양보할 수 있는가 10. 우리에게 평등을 가르치는 자가 있는가
11. 평등과 신념은 조화로운가, 상충하는가 12. 완전한 평등은 가능한가
13. 평등은 아름다운가, 평범한가 14. 평등 속에 숨다.
15. 평등은 이룰 수 없는 꿈인가 16. 평등에 도달하는 방법은 무엇인가
17. 평등은 주어지는 것인가, 투쟁하는 것인가 18. 평등으로부터의 휴식은 가능한가
19. 평등에 동정이 필요한가 20. 우리는 평등을 존중하는가 경멸하는가

9

오늘, 죽음의 두려움이 밀려오는 사람에게 어느 오후 스쳐지나는 바람이 들려주는 이야기

1. 죽음을 연극하다 2. 죽음은 언제 시작하는가
3. 죽음의 범위는 어디까지인가 4. 죽음은 두려운 것인가
5. 죽음에 이르게 하는 것 6. 죽음을 피하기 위한 방황
7. 삶과 죽음의 경계는 어디에 있는가 8. 죽음이 부를 때 무엇을 해야 하는가
9. 죽음의 실체는 무엇인가 10. 죽음을 위한 연습이 필요한가
11. 죽음의 위력 앞에 무엇을 할 수 있는가 12. 우리는 죽음을 고귀하게 맞을 수 있는가
13. 죽음의 공포는 극복 가능한가 14. 죽음에 어떤 비밀이 있는가
15. 죽음과 이성은 서로 모순인가 16. 죽음은 어떤 가치를 가지는가
17. 죽음으로 잃는 것과 얻는 것은 무엇인가 18. 죽음의 비밀에 설레는가
19. 죽음이 변화시키는 것은 무엇인가 20. 죽음은 어떻게 시작되는가

10

오늘, 견디기 힘든 하루를 보낸 사람에게 어느 오후 스쳐지나는 바람이 들려주는 이야기

1. 비극적 확신 2. 삶의 혼동과 무질서
3. 예정된 삶의 위험성 4. 우아함의 소유
5. 우아한 자들의 악취 6. 예술적 관조의 공과
7. 의지의 분열 8. 의지 분열로부터의 출구
9. 나에 대한 오류 10. 어지러움
11. 억압의 수단 12. 위장된 도덕과 절대적 도덕
13. 파괴적 지식 14. 파멸의 징후
15. 삶의 오류에의 저항 16. 창조적 힘
17. 은밀한 의도 18. 철학적 사유의 빈곤함
19. 삶의 목적 20. 사람들의 소음

11

오늘 갑자기 내가 왜 사는지 의문이 드는 사람에게 어느 오후 스쳐지나는 바람이 들려주는 이야기

1. 묵언 2. 진정한 교육자
3. 교육의 역할 4. 우리 시대의 교육자
5. 통합 세계 6. 초자연 통합 세계
7. 마취된 세계로부터 깨어남 8. 박식한 학자들의 어리석음
9. 집합적 지식의 위험성 10. 존경하는 학자, 교육자들의 맹신
11. 사람들과의 관계 12. 가장 심각한 나태함
13. 절대적 강자, 삶의 인도자 14. 자아 상실자
15. 자신의 진정한 독립과 통일자 16. 고귀한 자의 특징
17. 강자들의 고귀한 사명 18. 고귀한 자와의 만남
19. 권력에의 의지로부터의 자유 20. 미(美)의 근원

12

오늘, 새로운 나를 만들려 시도하는 사람에게 어느 오후 스쳐지나는 바람이 들려주는 이야기

1. 이상의 세계 2. 제 3의 탄생
3. 세가지 발견 4. 음악과 감성
5. 감성의 창조를 위한 조건 6. 존재 탐구의 즐거움
7. 자기 인식의 문 8. 인식 철학의 위험성
9. 철학의 초보자 10. 미학과 아름다움
11. 인도자의 사유 창조 12. 우리 시대 문학과 철학의 착각
13. 세가지 작가 의식 14. 시인의 거짓말
15. 시의 본질 16. 즐거운 본능
17. 억압된 의지적 본능의 회복과 자유인으로의 탄생 18. 우리의 철학
19. 절대적 철학의 준비 20. 즐거운 지식

13

오늘 하루 종일 편안함이 그리웠던 사람에게
어느 오후 스쳐지나는 바람이 들려주는 이야기

1. 철학자들의 비밀 노트　2. 쾌활성과 명랑성
3. 명랑함의 표식　4. 젊음의 본질
5. 새로운 가치　6. 회복력과 항상성
7. 사유 통합에의 의지　8. 소극적 자유와 적극적 자유
9. 적극적 자유에의 방해물　10. 문명의 발전과 인간의 겸손
11. 시간으로부터 자유로운 존재　12. 절대 존재의 탐구
13. 연약한 철학　14. 위대한 철학의 탄생
15. 미(美)의 본질　16. 미의 세가지 원리
17. 위대한 정신의 탄생　18. 침묵의 효용
19. 시끄러운 침묵　20. 인식의 투명성

14

오늘, 세상에 대해 숨이 막힐듯한 답답함을 느끼는 사람에게
어느 오후 스쳐지나는 바람이 들려주는 이야기

1. 시간의 작용　2. 시간의 세가지 본질
3. 시간 유한성으로부터의 탈출　4. 시간의 1차, 2차 독립: 시간의 인식론적 사유
5. 시간의 무화(無化)와 존재의 불확실성(不確實性)　6. 변화 공간의 피안(彼岸)
7. 시간사유철학 (時間思惟哲學)　8. 시간과 존재의 역류(逆流)
9. 인식공간(認識空間)과 그 특성　10. 존재와 인식 공간
11. 인식 방정식　12. 통일 인식 공간
13. 사유의 범람과 새로운 질서　14. 새로운 질서로의 길
15. 억압으로부터의 자유　16. 억압적 질서의 해체를 위한 시도
17. 무질서(無秩序)의 자유정신(自由精神)을 위하여

15

오늘 아무것도 결정하지 못하고 밤을 맞은 사람에게 어느 오후 스쳐지나는 바람이 들려주는 이야기

1. 인식의 세가지 단계　2. 오인(誤認)
3. 수용적 변화와 창조적 변화　4. 반사회적 동물
5. 집단 중심적 삶의 세가지 과(過)　6. 인류 생존의 역사
7. 인식에서 행동으로　8. 비발디적 명랑함
9. 의지의 부정　10. 어리석은 현명함
11. 겸손의 문　12. 고귀한, 그리고 인간적인
13. 노예의 투쟁과 자유인의 투쟁　14. 의지의 변형과 통합
15. 자연 상태와 식물원　16. 신(神)이 사랑하는 자(者)
17. 존재(存在)의 실체(實體)　18. 참과 진리
19. 삶의 황폐함　20. 인도자를 위한 지식

16

오늘 하루 종일 다른 사람 따라 하다 지쳐버린 사람에게 어느 오후 스쳐지나는 바람이 들려주는 이야기

1. 인간의 본성　2. 실존의 본질
3. 처세술과 심리학　4. 남성적인 취향
5. 인간적인 자의 특징　6. 도덕의 파괴, 그리고 재건
7. 실존 철학과 인식 철학　8. 사유(思惟)의 세계
9. 숭고한 자를 기다리며　10. 가치의 재건 그리고 자유 정신의 회복
11. 나태함과 무지함　12. 도서관속 위인들의 허구(虛構)
13. 삶에서의 창조의 의미　14. 삶의 성찰과 창조적 의지
15. 젊음의 위장술과 무의지　16. 새로운 탄생을 위한 준비의 시간
17. 신(神)의 본성(本性)　18. 신(神)의 부활

17

오늘, 이 생각 저 생각에 잠 못 드는 사람에게 어느 오후 스쳐지나는 바람이 들려주는 이야기

1. 지식의 공과 2. 진리에의 길 3. 자연스러움과 편안함
4. 알지 못하는 것들 5. 미래의 즐거움 6. 즐거운 삶
7. 즐거운 외로움 8. 목마름과 철학 9. 사려 깊음
10. 꽃을 보며 봄을 깨닫다 11. 삶의 세가지 즐거움 12. 바로 보지 못하는 것들
13. 선택 받는 소수 14. 과거를 창조함 15. 타자(他者)의 아픔
16. 최대의 적 17. 생각을 멈추다 18. 실패의 이유
19. 즐거움의 실제적 의미 20. 철학의 모순에 대한 책임 21. 공간적 사유
22. 삶의 평온함 23. 타인의 자유 24. 멈춤 그리고 천천히 봄
25. 존재의 수레 바퀴 26. 어둠에서 벗어나는 법 27. 끊임없는 자신을 향한 탐구 그리고 진리
28. 나이 듦에 대한 고찰 29. 침묵하는 다수 30. 실존과 투쟁
31. 숭고한 삶을 향한 모험

18

오늘, 우울한 기분에서 벗어나 편안해지고 싶은 사람에게 어느 오후 스쳐지나는 바람이 들려주는 이야기

1. 초라함 2. 아름다움 3. 설렘 4. 욕망
5. 혼돈 6. 불안 7. 흔들림 8. 중압
9. 자기 모순 10. 슬픔 11. 격정 12. 순수
13. 허무 14. 상심 15. 만족 16. 불일치
17. 외로움 18. 느낌 19. 고갈 20. 변심
21. 감성 대립 22. 비겁 23. 감성 나침반 24. 휴식
25. 감성 존재 26. 무력 (無力) 27. 불안의 이유 28. 망각을 위한 연습
29. 감정과 감성 30. 경멸 31. 인내 32. 불확실성
33. 희생 34. 자신답게 그리고 인간답게 35. 흐릿함 36. 조화

19

오늘, 자기 감정을 차분히 조절하고 싶은 사람에게
어느 오후 스쳐지나는 바람이 들려주는 이야기

1. 감성에서 타자(他者)의 역할 2. 감성의 지속 시간 3. 경이로움 4. 감성의 격류
5. 감성 기준 6. 감성 준비 7. 감성을 위한 연습 8. 치장
9. 감성적 시야 10. 그리움 11. 호기심 12. 호의
13. 친구 14. 시인들의 무덤 15. 감성적 설득법 16. 변명
17. 시기심 18. 우아함 19. 휴식의 유용성 20. 정신적 사기꾼
21. 변화에 대한 오류 22. 거절당한 자들의 이기심 23. 미소 24. 감성적 오류
25. 숭고함 26. 착각 27. 걱정 28. 무관심
29. 젊음이 잘 할 수 없는 것들 30. 우정 31. 변심 32. 역설
33. 함께 휴식할 수 있는 자 34. 모방 35. 고립 36. 정다움

20

오늘, 어느 젊은 날의 여름 감성을 다시 찾고 싶은 사람에게
어느 오후 스쳐지나는 바람이 들려주는 이야기

1. 조용한 휴식 2. 바람의 느낌 3. 가슴 뛰 4. 아침 노을 후에 5. 초승달의 슬기로움 6. 만듦
7. 비 오는 여름 늦은 오후 시샘 8. 돌아봄 9. 시간의 피안(彼岸)에 서서 10. 오후의 수목(樹木)과의 동화(同化)
11. 서두르지 않음 12. 작은 마음 13. 부동의 부드러움 14. 서늘한 여름 저녁 노을 같이 15. 지침
16. 작은 돌 위의 빗방울 처럼 17. 어둠 18. 어느 여름 아침의 강인함 19. 회복 20. 변화 21. 기다림
22. 어지러움 23. 비굴 24. 고독 25. 평온 26. 이중성 27. 어떤 두근거림 28. 힘듦 그리고 즐거움
29. 드러남 30. 허무 31. 충만 32. 겹침 33. 가벼움 34. 나른함 35. 상심 36. 무지 그리고 두려움 37. 혼동
38. 따뜻함 39. 허위 40. 길을 잃은 듯한 느낌 41. 생성 42. 투명함 43. 동경 (憧憬) 44. 망각 45. 서성임
46. 위로 (慰勞) 47. 아득함 48. 안심 (安心) 49. 시선 50. 진리 51. 그리움 52. 차가운 아름다움 53. 기억
54. 시간 느낌 55. 나를 느낌 56. 공평 57. 무색 (無色) 58. 으스름함 59. 의문 60. 미덕 (美德)
61. 중독 62. 비밀 63. 오인 64. 순수 65. 뜨거움 66. 경쾌함 67. 망설임 68. 한가로움 69. 무이(無異)
70. 정다운 가슴 뛰 71. 무력 (無力) 72. 자유로움

21

오늘, 세상의 불공평함으로 삶에 자신이 없는 사람에게
어느 오후 스쳐지나는 바람이 들려주는 이야기

1. 평등을 위해서는 냉철한 분노가 필요하다
2. 서로 같아지면 득실도 없어진다
3. 나 혼자 자유로운 건 오히려 슬픈 일이다
4. 서로 같음에는 그럴만한 대상이 따로 있지 않다
5. 평등을 가장하면 행복도 가장한다
6. 우월함으로 허영적인 인간은 사실 가장 노예적이다
7. 누군가에 평등을 맡기느니 신에게 목숨을 맡기겠다
8. 평등을 가르칠 수 있는 자는 신만큼 가치 있는 자이다
9. 행동하지 않는 평등은 복종하는 것이다
10. 평등은 인간이 할 수 있는 가장 신적인 일이다
11. 신이 평등이 아니라 평등에의 의지만 준 것은 의도된 것이다

22

오늘, 생각대로 자유롭게 살 수 없음을 상심하는 사람에게
어느 오후 스쳐지나는 바람이 들려주는 이야기

1. 자유는 그것을 필연으로 만드는 자에게만 허락된다.
2. 자유는 가슴 뜀을 위해 불편함과 노동을 일부러 선택하는 것이다.
3. 자유는 아무것도 해주지 않지만 의지가 가미되면 마법이 시작된다.
4. 자유의 땅에 도착하기 어려운 것은 잘못된 표지판도 한몫한다.
5. 자유의 정도는 그 선택의 숫자에 비례한다.

23

오늘, 부조리와 부당함으로 세상을 원망하는 사람에게
어느 오후 스쳐지나는 바람이 들려주는 이야기

1. 정의를 위한 첫걸음은 정의로 가장한 자들을 찾아내는 것으로 시작한다.
2. 세상 모든 남을 정의롭게 하느니 세상 모든 나만 정의로워지면 된다.
3. 자기기만을 자꾸 하면 어느 날 깨어났을 때 벌레가 되어 있을 것이다.
4. 도덕은 깨어있는 정신의 공존적 행복에의 의지이다.

24

오늘, 무언가 이루지 못해 슬퍼하는 사람에게
어느 오후 스쳐지나는 바람이 들려주는 이야기

1. 국가를 위해 개인이 희생하는 나라 중 퇴락하지 않는 나라는 없다.
2. 국가의 최대 역할은 힘의 균형을 맞추는 것이다.
3. 권력은 자신이 무섭다고 생각하지만 사람들은 우습다고 생각한다.
4. 진정한 권력은 중력과 같이 아무것도 없어도 만물을 다스린다.
5. 부자는 돈이 많다는 것, 그것뿐이다.
6. 부의 작은 특권은 악마도 천사도 될 수 있다는 것이다.
7. 명예를 위해 살면 명예롭지 않다.

25

오늘 갑자기 세상이 무엇으로 이루어져 있는지 궁금한 사람에게
어느 오후 스쳐지나는 바람이 들려주는 이야기

1. 존재의 세계

1-1. 존재의 선형 세계　1-2. [반존재]의 선형 세계　1-3. 존재와 [반존재]의 선형 세계

2. 의지의 세계

2-1. 의지의 선형 세계　2-2. [반의지]의 선형 세계　2-3. 의지와 [반의지]의 선형 세계

3. 인식의 세계

3-1. 인식의 선형 세계　3-2. [반인식]의 선형 세계　3-3. 인식과 [반인식]의 선형 세계

26

오늘 갑자기 세상 일의 원리와 근원이 궁금한 사람에게
어느 오후 스쳐지나는 바람이 들려주는 이야기

1. 수평적 평면 세계

1-1. 존재와 의지의 평면 세계　1-2. 존재와 [반의지]의 평면 세계

1-3. [반존재]와 의지의 평면 세계　1-4. [반존재]와 [반의지]의 평면 세계

2. 수직적 평면 세계

2-1. 의지와 인식의 평면 세계　2-2. 의지와 [반인식]의 평면 세계

2-3. [반의지]와 인식의 평면 세계　2-4. [반의지]와 [반인식]의 평면 세계

2-5. 존재와 인식의 평면 세계　2-6. 존재와 [반인식]의 평면 세계

2-7. [반존재]와 인식의 평면 세계　2-8. [반존재]와 [반인식]의 평면 세계

27

오늘 갑자기 내가 모르는 숨겨진 다른 세상을 알고 싶은 사람에게
어느 오후 스쳐지나는 바람이 들려주는 이야기

1. 인식 세계
1-1. 존재-의지-인식 공간 세계
1-2. [반존재]-의지-인식 공간 세계
1-3. 존재-[반의지]-인식 공간 세계
1-4. [반존재]-[반의지]-인식 공간 세계

2. [반인식] 세계
2-1. 존재-의지-[반인식] 공간 세계
2-2. [반존재]-의지-[반인식] 공간 세계
2-3. 존재-[반의지]-[반인식] 공간 세계
2-4. [반존재]-[반의지]-[반인식] 공간 세계

여덟 개의 세상

28

오늘 갑자기 자신을 매력 있게 만들고 싶은 사람에게
어느 오후 스쳐지나는 바람이 들려주는 이야기

명예 / 순수함 / 매력 / 어둠 / 배움 / 진실 / 자기 만들기 / 고귀함 / 어제 / 굳건함
숭고함 / 목표 / 행동 / 창작 / 자존 / 무심 / 기만 / 과거 / 배우 / 설득
자기 세계 / 개별 진리 / 겸허 / 학자 / 교제 / 평온함 / 탁월함 / 다름 / 유연함
자기철학 / 방향(芳香) / 숙독 / 제3의 탄생 / 확고함 / 겸손 / 자기 형상화 / 독서 / 동화 / 용기
청빈 / 가난 / 견지(堅持) / 먼 꿈 / 명랑함 / 젊음 / 공평 / 자유 / 쟁취 / 가라앉힘
냉철함 / 강함 / 수용 / 호감 / 가르침 / 고독 / 타인 행복 / 죽음 / 평온함 사람을 목적함 / 무질서적 다양함

29

오늘 갑자기 무엇을 목표로 살아야 하는지 알고 싶은 사람에게
어느 오후 스쳐지나는 바람이 들려주는 이야기

휴식 / 시간 모우기 / 오류 / 단념 / 돌아보기 / 수정 / 변화 / 단순함 / 정리 / 평온함 / 기다림 / 자유 / 또 다른 탄생 / 냉철한 분노 타인을 위함 / 감동 주기 / 존중 / 길 찾기 / 나 찾기 / 나 만들기 / 바라지 않음 / 변함없음 / 물러섬 / 자기창조 / 자유 주기 / 나눔 두려워하지 않음 / 세상을 바꿈 / 여유로움 / 현명하지 않음 / 어리석음 / 무향 / 오감 / 고개 숙임 / 깊음 / 탓하지 않음 사람을 움직임 / 나를 봄 / 옅게 화장함 / 다투지 않음 / 낮은 곳에 위치함 / 불평하지 않음 / 너그러움 / 자유를 줌 / 달을 봄 / 강함 /눈을 뜸 / 독립 / 멀리 봄 / 나를 바꿈 / 무아 / 개별 의지 /소탈함 / 다르지 않음 / 동질감 / 멈추지 않음 / 선한 강자 / 행동 한가로움 / 독창성 / 감성 / 자기 통합 / 매일 아침을 얻음 / 따라 하지 않음 / 정진 / 공평 / 선구자 / 행복을 줌 / 기다림 / 인지 의지(意志) / 숭고함 / 감내 / 회귀 인식 / 구별 / 방향 / 평가 / 멈춤 / 순서 / 서두르지 않음 / 드러냄 / 판단 / 시인 / 자전거 / 믿음 신뢰 / 적은 욕심 / 너그러움 / 이행 / 겸허 / 기세 / 작은 깨우침 / 흘려 보냄 / 진실 / 편한 마음 / 득실 / 욕심 줄이기 / 진실 / 앎 / 걱정하지 않음 / 마음에 두지 않음 / 거절 / 외로움 / 받아들임 / 여행 / 연민 / 실체 / 예비 /성숙 / 고귀함 / 자숙 / 시선 여정 변경 / 그만두기 / 편안함 / 모르기 / 알기 / 선택 / 거미줄 끊기 / 역설 이해 / 아님 / 오후 산책 / 따뜻함 / 긍정 / 지관(止觀) 비판하지 않음 / 탈바꿈 / 성공 / 같이 감 / 다름 / 동등감 / 실증 / 평범함 이해 / 단정(斷定)하지 않음 / 친구 / 기억 / 수레 타기 시작 / 젊음 / 이해 / 마음 두둑함 / 다시 시작

30

오늘 갑자기 자신의 지식을 깊은 지혜로 바꾸고 싶은 사람에게
어느 오후 스쳐지나는 바람이 들려주는 이야기

미소 / 꿈 찾기 / 가난한 부자 / 많은 것을 봄 / 자기 것을 봄 / 설렘 / 만족 / 감성 / 겸허 / 설득 / 자기를 키움 / 밝음 인간적임 / 돌진 / 표출 / 소년 / 강자 / 오래된 자기 / 잃지 않음 / 약자 / 해독 / 나를 믿게 함 / 안도감 / 납득 / 자기 노출 가식 / 자기 채우기 / 변심 / 자격 / 솔직함 / 나침반 / 감성 / 비웃음 / 탈출 / 감성 확장 / 자존감 / 자존감 버리기 인내심 / 오늘 / 작아짐 / 철퇴 / 자신다움 / 상심 / 호감 / 사람 지향 / 그릇 키우기 / 오래 달리기 / 아침 감성 / 평상심 오랜 경험 만들기 / 약간의 꾸밈 / 그리움 / 직시 / 멀리 가지 않음 / 반론 / 내일 / 존경 / 멋짐 / 감성 휴식 / 미로 탈출 자기 탈출 / 거절 / 자기 불평 / 수긍 / 비난하지 않음 / 원점 / 무심 / 본받음 / 빛음 / 친밀 / 변덕 / 만남 / 인연 / 인지 공정함 / 기분 전환 / 우울 치유 / 시련 / 역동성 / 숭고함 / 운명 / 평정심 / 실패 / 무소유 / 절망 / 결정 / 부동심 / 밝음 절망하지 않음 / 회복 /지각 / 슬픔 / 굴욕 / 고독 / 즐거움 / 묵언 / 꿈 찾기 / 자기 지배 / 극대 / 허무함 / 가치 기준 / 분리 비상 / 수수함 / 무심 / 투시 / 창작 / 겨울 / 후회 / 신을 자기 편으로 함 / 방황 / 기다림 / 무색 / 균형 / 먼지 / 감내 / 재연 등반 / 희망 / 도피 / 관조 / 진실 / 존재 / 의연함 / 적절함 / 정결함 / 후각 / 기품 / 치유

31

오늘 갑자기 오랜 시간 후 내게 무엇이 남을지 궁금한 사람에게
어느 오후 스쳐지나는 바람이 들려주는 이야기

일상 / 침착함 / 매력 /유혹 / 멋진 인정 /내면 /진화 /거래 /자질 / 방향(放香) / 무향 / 빚음 / 지성 / 깊음 / 보존 / 감내
주고받음 / 맞섬 /무감각 / 냉철함 / 뺄셈 / 덧셈 / 나눗셈 / 곱셈 / 도전 / 현실 / 오늘 / 깨달음 / 부자유 / 자유 사용 / 권리
생각 / 채비 / 자격 / 아우름 / 식별 / 결의 /외면 / 목적 / 유효기간 연장 / 근원 인식 / 경계 / 분노 / 징벌 / 불손 / 기개 / 공격
비범 / 자태 / 삼감 / 온화함 / 정결 / 실제 달라짐/ 행복을 배움 / 기억 / 합당함 / 기원(起源) / 구충 / 일임(一任) / 불신
분별 / 자리 낮추기 / 우울 치료 / 복원 / 손익 / 점등 / 담력 / 깨어남 / 평범 / 회복 / 자존감 / 공유 / 증여 / 부자
바라지 않음 / 자족 / 쌓기 / 명예 / 의욕 / 역할 / 자격 / 자기 발견 / 개별의지 / 독립 / 자립 / 인간다움 / 배신하지 않음
만족 / 인지 / 용기 / 선악 / 용서 / 굳셈 / 염치 / 사람의 행복 / 부족 수긍 / 평상심 / 구제 / 길을 찾음/ 자기 창조 / 묶음
속도 맞춤 / 비슷함 / 발견 / 동류 / 무중력 / 조색(調色)/ 선함 / 결행 / 가린 것을 거둠/ 무념 / 회귀(回歸) / 문제 / 실재
온화함 / 역경 / 진화 / 벗어남 / 대상 창조 / 자각 / 수수함 / 눈사람 / 납득 / 무익 / 개별 행복/ 무난함 / 자존 / 오만 / 책
기백 / 파괴/ 평온 / 묵언 / 나/ 탈출 / 순서/ 소설/ 사소함/ 지혜 / 자유 / 손익 계산 / 우정 / 생명 무차별 / 공평 / 정체
인간적임/ 내실 / 존경 / 어른 / 후퇴 / 악마의 꿈 / 더 수월함 / 자존감 / 공평 / 권리 / 동질감 / 배우고 익힘 / 냉철함
비슷함 / 가장하지 않음 / 함께함 / 선함 / 결의 /용서 / 필연 / 타인 지향 / 점잖지 않음 / 복종 / 경작 / 부자유
행복한 목표 / 의지 / 산책 / 저항 / 탁월함 / 지성 / 목표 수정 / 인지 / 올바름 / 독립 / 거부 / 활용 / 달관/ 성공 / 교만
부자 / 궤적 / 결정 / 행복한 죽음 / 무아 / 마중 / 기억 만들기 / 몰두 / 마음 먹기 / 준비 / 둘러맴 / 마무리 / 삶

오늘, 어느 젊은 날의 여름 감성을 다시 찾고 싶은 사람에게
어느 오후 스쳐지나는 바람이 들려주는 이야기

개정판 ‖ 2022년 2월 2일
지은이 ‖ 김주호
펴낸곳 ‖ 지성과문학
전화 ‖ 031-707-0190
가격 ‖ 29,000원

ISBN 979-11-94648-15-4 (03100)

오늘, 어느 젊은 날의 여름 감성을 다시 찾고 싶은 사람에게
어느 오후 스쳐지나는 바람이 들려주는 이야기

젊은 날의 여름 감성을 다시 찾고 싶은 사람을 위한 책